为生存而战

引领中国科创的新高度和新使命

杨柳 / 著

FIGHT FOR SURVIVAL

深圳出版社

图书在版编目（CIP）数据

为生存而战 / 杨柳著. -- 深圳：深圳出版社,
2023.9
 ISBN 978-7-5507-3851-5

 Ⅰ．①为… Ⅱ．①杨… Ⅲ．①技术革新—中国—文集
Ⅳ．①F124.3-53

中国国家版本馆CIP数据核字（2023）第105024号

为生存而战
WEI SHENGCUN ER ZHAN

出 品 人	聂雄前
责任编辑	梁 萍
特约编辑	丁宁宁
责任技编	梁立新
责任校对	黄 腾
封面设计	元明·设计 DESIGN STUDIO

出版发行	深圳出版社
地　　址	深圳市彩田南路海天综合大厦　（518033）
网　　址	www.htph.com.cn
订购电话	0755-83460239（邮购、团购）
设计制作	深圳市龙墨文化传播有限公司　0755-83461000
印　　刷	深圳市汇忆丰印刷科技有限公司
开　　本	787mm×1092mm　1/16
印　　张	16.5
字　　数	230千
版　　次	2023年9月第1版
印　　次	2023年9月第1次
定　　价	68.00元

项目策划人

樊建平

序　言

樊纲[①]

先进院：探索新型科研机构的建设范式

新一轮科技革命和产业变革正在重构全球创新版图、重塑全球经济结构，全世界的科技鸿沟仍然巨大，发达国家和发展中国家之间的差距也在加速扩大。发展中国家面临的问题，不是自己有多大进步，而是要加速缩小与发达国家之间的差距，在创新能力、科技水平、科研体系等方面尤其紧迫，否则，一直会在国际竞争中处于"处处受压"的情境。

发展中国家要想在科技创新能力上追上发达国家，绝非一日之功。从引进模仿到自主创新是一个必经过程。目前，我们已经进入继续学习模仿阶段，既要发挥后发优势，也要加大自主创新。未来，更高的一个发展阶段，是我们成为世界创新体系的重要部分。经过多年努力，我国基础研究水平大大提升，人才队伍不断壮大，重大成果不断涌现，高质量论文发表数量已升至全球第一，研发人员总量连续9年稳居世界首位，"嫦娥五号"等科技研发取得突破，全球创新排名从2015年第29位升至2021年第12位。2021年我国研发经费投入总量达27956.3亿元，同比增长14.6%，稳

---

① 作者系中国经济体制改革研究会副会长、中国改革研究基金会理事长、国民经济研究所所长、中国（深圳）综合开发研究院院长。

居世界第二。可以说，我们正处在科技自立自强、进入世界创新体系之始。但大量产业存在关键核心技术"卡脖子"问题，关键材料、零部件的自给率较低，许多知识和技术领域仍落后于发达国家。

发展中国家要突破发达国家的技术封锁，提升自主创新能力，实现科技自立自强，关键要加快科技体制改革，形成支持全面创新的基础制度，创造激励创新的体制环境。新型科研机构是承担这一使命和任务的新载体，在我国实现自主创新和科技自立自强的过程中发挥越来越重要的作用。

新型科研机构是我国科技创新实践中的新事物，始于深圳的"先行先试"。深圳已成长为全国乃至全球的创新高地，不断向周边辐射发展能量。自全国第一个新型科研机构——深圳清华大学研究院出现之后，深圳陆续涌现出一大批聚焦成果转化、应用基础研究的新型科研机构。近年来，深圳持续推进新型科研机构建设，已逐渐发展成全国深化科技体制改革的试验田，开创了深化科技体制改革的新路径。

中国科学院深圳先进技术研究院（以下简称"深圳先进院""先进院"）是全国科研体制改革过程中新型科研机构的缩影。经过多年发展，该院已成为深圳吸引高端人才、提升创新能力、促进成果产业化、推广新技术应用的重要平台，走出了一条独具特色的创新之路，为我国新型科研机构提供了一种建设范式，其发展经验值得我们研究和借鉴。

深圳先进院吸收国际先进新型科研机构的管理方案和科研体系，采取理事会下的院长负责制，建立了以市场需求为导向的组织架构，充分激发了机构活力，形成了开放包容、敢想敢干的创新文化。该院根据国家和深圳发展的不同需求，在高端医疗器械、脑科学、合成生物学、生物医药、机器人、新能源与新材料、大数据与智慧城市等科研领域充分布局，还根据实际情况突出学科间的交叉，强化了集成创新与协同创新的科研机制。

科学研究与成果的产业化相结合是新型科研机构的重要优势，深圳先进院聚焦于工业技术开发，通过发展技术科学，实现关键技术开发与推进基础研究的双重目的，并加强与社会资本合作，推动产业化发展，不断完善与科技创新硬实力相适应和匹配的科技创新体系。该院开展了"0—1—10—∞"的创新链、产业链、人才链、教育链有效衔接与深度融合的体系化探索和系统化实践：建设了 9 个研究所，113 个创新载体；打造了医疗器械领域唯一的国家级创新平台——国家高性能医疗器械创新中心；组建了深圳合成生物研究重大科技基础设施、深圳脑解析与脑模拟重大科技基础设施这两个重大科技基础设施，建设了合成院、脑院、材料院这三个基础研究机构；国内首创"楼上楼下"创新创业综合体——深圳市工程生物产业创新中心；瞄准粤港澳大湾区创新发展、面向未来产业科技与人才需求，筹建了新型研究型大学——深圳理工大学（以下简称"深理工"），不但为原始创新策源、关键技术突破、高水平人才培育、科技成果高效转化的聚变反应提供了内核动力，还探索了全过程创新生态链的新科研范式——"蝴蝶模式"，为国内蓬勃发展中的新型科研机构提供"深圳经验"和"深圳模式"。

面对国际复杂环境和现实产业需求，深圳必须进一步发展兼顾技术创新和产业化的新型科研机构，提升前沿领域的科技创新能力和科技成果转化能力，推动一批重要科研成果就地转化，打造现代化国际化创新型城市。同时，要以市场化发展为导向，把握并放大自身民营科技企业的优势，强化民营企业的创新主体地位。未来，期待深圳先进院更加注重应用牵引、突破瓶颈，从产业发展的实际问题中凝练科学问题，破解"卡脖子"技术的基础理论和技术原理，努力实现更多"0—1"的原始创新，勇敢地踏入"无人区"，找到创新发展的下一个方向，为建设创新型国家做出更大贡献。

前　言

2022 年春天，深圳先进院确认了要写《为创新而生》的续集——《为生存而战》，回顾过去 15 年先进院发展历程以及对新型科研机构发展战略的种种思考。

先进院里可敬可爱的科研人员关于创新创业的新故事，毫不例外地展示出深圳首支科研"国家队"的最新发展成就。

更为重要的是，当前的时代要求跟 5 年前大不相同，先进院承担的使命和任务也大不相同。立足世界百年未有之大变局和中华民族伟大复兴战略全局，习近平总书记多次强调，"中国要强盛、要复兴，就一定要大力发展科学技术，努力成为世界主要科学中心和创新高地"。15 年来，深圳先进院践行"工业研究院"使命，充分发挥"国家队"作用，以重大战略需求为导向，在推动行业发展、关键核心技术突破、科技人才培养等方面做出重要努力，硕果累累，深圳先进院已经成长为国家战略型科技力量。

2016 年，先进院只是一个拥有 2000 多名员工和学生的研究院，包括 6 个研究所。今天，全院员工和学生的总人数超过 5000 人，发展成 8 个研究所，新建合成、脑和材料 3 个基础研究院和中科院首批国家重点实验室，筹建深理工，牵头组建国家高性能医疗器械创新中心、合成生物和脑科学 2 个重大基础设施和 2 个产创中心等 113 个重要平台载体，已打造以深圳为基地，辐射全国的创新版图。除了规模扩大，更为可贵的是，先进院在无数的"战"中不断提高科研成果质量、平台建设质量、管理运营质量，为可持续发展进一步奠定基础。因为，先进院人清醒地认识到，只有先生存，才能谈发展。

这个成长过程中，需要跨越发展途中的"千山万水"，要经历许多不能言说的痛苦，塘朗山下这一群人，不怕苦不怕累，奋战在自己的工作岗位上，竭尽全力完成了各项任务，发扬了艰苦奋斗的优良作风，在国家最需要的时候挺身而出。比如，自新冠疫情发生以来，深圳先进院响应国家号召，按照中科院统一部署，组织17支团队积极参与抗击新冠疫情攻坚战。自2020年3月之后，即使疫情防控进入常态化阶段，深圳先进院科研抗疫的步伐也没有停止。在各方紧密配合下，来自医工所、材料所、医药所、数字所，以及深圳先进院孵化的外溢机构武汉先进院等11支团队持续开展科研攻关，在新冠感染与宿主反应机制研究、新冠患者愈后健康管理研究、mRNA疫苗研发、计算机药物筛选、纳米防雾涂层技术、病毒高灵敏快速检测等方面都取得亮眼的成果。

又如，在突破"卡脖子"技术的征途中，处处都有先进院科研人员的身影。由上海联影医疗科技股份有限公司与深圳先进院等单位合作完成的"高场磁共振医学影像设备自主研制与产业化"获得国家科技进步奖一等奖，其背后包含一种技术与产业弥散融合的创新，是十年如一日的无缝对接合作，在这个过程中，先进院的机制创新发挥着重要的保障作用。先进院院长樊建平说，深圳先进院在内部划定了"科研特区"，不唯论文、不唯项目论英雄。"10年里，对于参与这类项目的一些科研人员，深圳先进院不以申报项目、发表论文为考核指标，也不因此影响他们工资收入、职称评定，为的就是让他们安心攻克一个个科研难题。"考核评价机制的创新兜底，犹如一根指挥棒，将他们引向攻克创新"无人区"。

先进院的快速发展，一方面得益于深圳处于快速发展的黄金时期，先进院从中获得了自身蓬勃发展的新动能；另一方面也得益于来自各方面的压力，由于他们需要承担更为重要的历史使命，为了科技创新和产业创新而战，因此具有强烈的危机意识和拼搏精神。

先进院领导班子自始至终都清醒地认识到，深圳改革发展从来都不是深圳一城一地的改革发展，而是置身于广东乃至全国的大局，探寻深圳改革发展、先行示范的时代坐标与未来走向。建设粤港澳大湾区和支持深圳建设中国特色社会主义先行示范区，推进横琴和前海两个合作区的建设，是以习近平同志为核心的党中央从战略和全局高度做出的重大决策，也是广东省的重大历史机遇。深圳被赋予时代的重任，迎来了"双区"驱动、"双区"叠加、"双改"示范的黄金发展期。在这个时代背景下，先进院肩负着探索新型科研机构发展新模式和新路径的使命，围绕"当地政府满意，当地企业满意，当地人民群众满意，获得国内、国际科技界认可"的目标，坚持不懈地积累科技创新和成果产业化的新经验，取得了令人瞩目的发展成就。

《为生存而战》一书，既可看成是《为创新而生》的续集，也可独立成册。本书分为"成就""管理""抉择"三个篇章，上篇"成就"篇里，介绍先进院的产业化和人才建设的成果，是先进院坚持"四个面向"、主动服务"国之大者"的生动注脚；中篇"管理"篇里，介绍先进院的理事会制度、科研管理、财务管理、人力资源管理和平台设施管理等内容，是先进院为了持续改进运行效率而进行的卓有成效的探索和实践；下篇"抉择"篇里，对科研方向抉择、海归人才队伍形成、干部队伍建设、产业化边界、科教融合，以及如何实现"顶天立地"的发展目标等进行剖析和介绍，不论是解决"卡脖子"问题，还是争取海外人才以促进先进院的团队成长，都能让读者感受到在国内外激烈的竞争氛围中先进院团队顽强的拼搏精神。

通过本书，不仅可以了解先进院最新的科技成果和科研布局，而且能获知先进院过去 15 年的发展路径和实践经验，前瞻先进院未来将如何发展。您一定会为深圳湾畔这支迅速成长起来、具有战斗力的科研队伍感到自豪，也会对他们的美好未来寄予期许、给予祝福。

诚如深圳先进院院长樊建平所言："为创新而生者，积力之所举；为生存而战者，勇毅之所行；为发展而谋者，众智之所为。"

目 录

上 篇

成 就

成就，是战之果。作为深圳首个"国字号"科研机构，深圳先进院立足深圳，既为创新而生，当为生存而战。过去十五年，先进院对本地经济和社会的贡献主要体现在聚集一批海内外高端科研人才和产出一批高质量的科研成果，为粤港澳大湾区建设提供强大的智力支持和人才支撑。

　　目前，先进院全院员工和学生的总人数超过5000，发展成8个研究所，打造以深圳为基、辐射全国的创新版图。先进院围绕"第一资源"的理念，自创建以来始终坚持"四个面向"——面向世界科技前沿、面向经济主战场、面向国家重大需求、面向人民生命健康，由先进院院长樊建平带队，每年到海外招揽高端科研人才。与此同时，在先进院培育最适宜的科研生态环境，激励人才展现才华，做出积极贡献。先进院践行"工业研究院"使命，充分发挥"国家队"作用，在推动战略性产业发展、关键核心技术突破、科技人才培养等方面做出重要努力，硕果累累，在深圳这片科技创新热土上，发挥着国家级科研机构的骨干示范引领作用。

第一章 从5个"第一"说起

2021年是中国科学院深圳先进技术研究院成立第15年。这一年里，先进院以工业研究院的使命担当，深入践行"心系国家事，肩扛国家责"。在中国科学院、深圳市人民政府、香港中文大学共建方的支持下，扎实推进中科院"率先行动"计划第二阶段，抢抓深圳"双区"驱动、"双区"叠加的历史机遇，积极面向国家和区域发展战略需求，在承担重大科技任务、重大成果产出、国际合作成效、人才队伍建设等方面取得了长足进步。

盘点当年的成绩，有5个"第一"格外令人瞩目：PCT国际专利申请量在全球高校及科研机构中排名第一；国家自然科学基金获批项目数在中科院研究所中排名第一；国家自然科学基金港澳合作项目获批数居全国第一；中国博士后基金资助量居全国科研院所第一；深圳市科学技术奖一等奖数量居全市第一。

这份亮眼的成绩单，恰恰反映了先进院知识产权创新能力强、国际科技合作活跃、后备人才队伍不断壮大、科研实力愈加雄厚的几大突出特点，深圳第一支科研"国家队"通过发扬坚持不懈和顽强拼搏的精神，众志成城为生存而战，已经成长为粤港澳大湾区科技创新的强大引擎。

支撑区域产业发展，PCT国际专利申请量领跑全球

我国一直在全社会普及一个认知——"科学技术是第一生产力"，而且

创新是引领发展的第一动力，是建设现代经济体系的战略支撑。这种动力和支撑都可以体现在以知识产权为载体的核心技术的权属上。毫不夸张地说，当今世界的竞争就是科学技术的竞争。在科技飞速发展的时代，布局具备核心技术、高价值的专利，已经成为衡量一个现代组织竞争实力的重要标志，强有力的创新实力能证明该组织机构蓬勃发展的现状。

根据世界知识产权组织（WIPO）公布的 2021 年全球国际专利报告，深圳先进院新增 PCT 国际专利申请 598 件，连续三年在全球教育机构中排名第一，领跑国内外知名高校。

截至 2022 年年底，深圳先进院已累计申请专利 14289 件，累计授权专利 5647 件，累计申请 PCT 国际专利 2716 件。

备受瞩目的是，深圳先进院重视布局高价值专利，专利呈现量质齐升的特点，发明专利授权率高于全国平均水平。根据国家知识产权局公布的最新数据，2020 年国内发明专利授权率为 47.3%，而 2021 年深圳先进院发明专利授权率达到 70.6%，远高于国内平均水平。根据律商联讯（LexisNexis）数据平台的报告，从全球专利竞争力值上看，深圳先进院 70.4% 的专利竞争力值处在高分段位，竞争实力强。

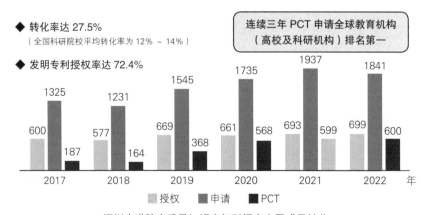

深圳先进院高质量知识产权引领高水平成果转化

深圳先进院院地合作与成果转化处处长吴小丽介绍，深圳先进院申请的专利主要集中在知识产权密集型的前沿科技领域与战略性新兴产业，具有覆盖面广、交叉性强等特点。其中，"3D 打印方法"获得第二十一届中国专利银奖，"一种磁共振化学位移编码成像方法、装置及设备"获得第七届广东省专利奖金奖。2020 年，深圳先进院 PCT 国际专利申请数为 567 件，同比增长 54.5%，领跑国内外知名高校，专利申请量和授权量居中科院前列。

"不同于传统高校和院所单一的学科布局，深圳先进院坚持科研与产业一体化推进，学科建设根据社会经济发展的需要动态调整，让优势资源、服务能力、产业需求等要素有效整合，以满足成果转化的必要条件。"吴小丽表示，"在举措上，深圳先进院不断创新专利转移转化的做法，在专利布局等方面对具备转化前景的科研成果进行资金专项扶持；在技术需求、专利布局、成果转化、资本参与、宣传渠道等方面进行统筹配置，以缩短成果转化的周期，突破原有的线性模式。"

随着我国大力实施创新驱动发展战略与知识产权战略，相关国际影响力进一步提升。深圳先进院下一步将围绕国家政策导向和产业需求，引进高水平人才，提升前沿学科能力，加强国际专利布局建设。

借力港澳科技合作走向国际化

2021 年，国家自然科学基金委员会与澳门科学技术发展基金联合科研资助基金项目共有 11 个，国家自然科学基金委员会与香港研究资助局资助合作项目共有 30 个，这 41 个项目里，深圳先进院获批了 4 个，其中有 3 项是跟香港的合作项目，港澳合作项目获批数量位居全国第一。

深圳先进院科研处张鹏副处长介绍，先进院从一诞生就具有天然的香港元素。2006 年，中国科学院、深圳市人民政府、香港中文大学在深圳市共同建立了中国科学院深圳先进技术研究院，实行理事会的管理制度，定位是提升粤港地区及我国先进制造业和现代服务业的自主创新能力，推动我国自主知识产权新工业的建立，目标是成为国际一流的工业研究院。

自建院起，先进院充分利用立足深圳、毗邻港澳的地缘优势，对接国际科技前沿，与香港等地的海内外高校及科研机构积极开展合作，努力构建"科研、教育、产业、资本"四位一体的微创新体系，发挥了学科交叉与集成创新优势。建院 15 年来，先进院紧贴创新科技发展的脉搏，拓展并深化了与香港中文大学、香港大学、香港科技大学、香港城市大学、香港应用科技研究院等院校在科研、教育、产业化等方面的全面合作，在机构共建、人才引进、项目合作、科研产出、成果转化等方面的合作取得显著成效，建立了行之有效的创新合作模式，打造了粤港合作的科教枢纽平台，为促进粤港澳大湾区科技创新发展发挥了积极的作用。

令人关注的是，2021 年先进院获批的国家自然科学基金委员会与港澳合作项目，均属于 IBT（即"信息技术 + 生物技术"）融合和生命健康的领域，充分体现了先进院在这些方向上的独特优势。比如，先进院陈荣亮副研究员与澳门大学蔡小川教授合作的"临床驱动的人体心脏多物理可计算建模和高性能算法研究"项目，是以高性能数值仿真为基础的"数字孪生心脏"技术，可全面真实反映人体心脏的生理特征和模拟其生化活动，被认为是今后新兴科技发展的一个重要方向。又如，先进院李光林研究员与香港中文大学合作的"基于高密度肌肉电信号宏观与微观特征解码的运动意图识别与自然控制"项目，也属于 IBT 融合方向。先进院陈棣研究员和香港中文大学秦岭教授合作的"降钙素基因相关肽（CGRP）在骨关节炎疼痛和病理中的不同作用"项目，以及先进院潘浩波研究员和香港大学吕维加教授合作的"硼硅酸盐生物活性玻璃介导骨再生微环境及其抑制骨肿瘤机制研究"项目，则属于生命健康领域的合作课题。

2021年，先进院"国自然港澳合作项目"获批数量位居全国第一，这是先进院与香港、澳门科技界合作多年的一个缩影。2012年，先进院与香港中文大学、香港大学合作共建了5个"中国科学院－香港地区联合实验室"；2018年，获"新认定"1个，研究领域涉及材料、生物、自动化、人工智能、新能源等，产学研合作成果获各级科技主管部门及在港机构的一致好评，发挥了深港科研合作体制机制改革先锋示范作用。与澳门联合共建"传统医学与生物医药联合实验室"，进一步推动与澳门在生命科学领域的合作。联合实验室本着互利共赢、优势互补、共同发展的原则，共同构建了相互支持、统筹协作、共享资源的科研环境，不断加强源头创新，提高关键核心技术能力，并积极推动相关科技成果产业化，取得了丰硕的成果。

根据2018年发布的《中国科学院与香港地区联合实验室评估办法（试行）》，中科院通过考察"优势互补性""可持续发展性""联合活动及成效""人才培养与交流"及"社会影响力"5个维度的指标，对各联合实验室在2013—2017年开展的联合工作进行全面评估。中科院参评的共有30个联合实验室，包括21个已有联合实验室和9个新参评联合实验室。先进院的高密度电子封装材料与器件联合实验室、深港生物材料联合实验室获评为"优秀"，多媒体技术联合实验室、光伏太阳能联合实验室、精密工程联合实验室这三个先进院参与的联合实验室被评为"良好"。

尤为突出的是，先进院与香港中文大学2011年共建的"高密度电子封装材料与器件联合实验室"，综合性能国际领先，目前已开发8种材料，均完成了中试或规模化生产工艺，以及用户验证，并成功孵化了深圳市化讯半导体材料有限公司等高端电子材料公司，实现了国产高端晶圆级封装材料的量产。另外，先进院与香港中文大学、香港大学共建的"深港生物材料联合实验室",历经十余年合作研究,选取具有优异生物兼容性组织工程复合材料,采用世界先进的低温3D打印技术,研制出创新仿生人体松质骨——含镁可降解高分子骨修复材料,可用于解决临床普遍发生的骨科创伤,以及手术引起的骨缺损的填充和修复。该产品目前已获得国家市场监督管理总局(CFDA)创新医疗特别审批,2021年正式进入临床应用。

以上成果也获得中科院和香港科技界的关注和认可。2018年11月9日,中科院在香港科技园举行了中国科学院2018科技创新成果巡展(香港站),多项全球领先的科技成果以及两地高校的联合研究优秀项目在此次展览上亮相,深圳先进院与香港合作的7项成果入选参展内容。时任中国科学院院长白春礼和时任香港特首林郑月娥出席了开幕式并致辞,随后参观了优秀展览。次日,香港《大公报》头版报道,肯定先进院是中科院对港合作的先锋部队。

2018年11月8日,在中科院-香港地区联合实验室评估结果表彰会上,深圳先进院部分代表合影

博士后：建设人才"蓄水池"

2021 年，先进院有 79 人获得中国博士后科学基金资助，连续五年蝉联全国科研院所第一，体现了深圳先进院博士后培养体系的巨大优势与实力。

中国博士后科学基金专门用于资助在站博士后进行科学研究，又被视为"种子基金"，旨在通过资助，促使具有发展潜力和创新能力的优秀博士后进行创新研究，培养造就一支跨学科、具有复合性和战略性特点的博士后人才队伍。除基金外，深圳先进院博士后在高水平人才支持计划中也表现优异。2021 年 6 月，合成生物学研究所王兰香获得博士后国际交流计划引进项目资助、安柏霖获全国博士后创新人才支持计划资助，获批人数居全省前列。

近年来，先进院高度重视博士后培养工作，把博士后队伍定位为科技创新的"生力军"、人才队伍的"蓄水池"、学科建设的重要支撑。全面加强博士后队伍"扩规模"与"提质量"并举，协调过程管理，注重内涵提升，博士后研究人员在站期间从事创新研究给予科研启动经费，把控目标和导向。继 2019 年新增生物学博士后流动站之后，2020 年，深圳先进院博士后流动站及博士后科研工作站均获评"全国优秀站点"，1 人获"全国优秀博士后管理工作者"称号。深圳市仅两家单位获批优秀，先进院作为其中之一，其流动站和工作站均获批，是对先进院博士后工作的充分肯定。

先进院博士后工作开展以来连创佳绩，营造出了良好的人才环境，重视青年人才战略储备力量培养，不断推动深圳科技创新和产业升级。截至2022 年 7 月，深圳先进院已获批计算机科学与技术、生物学 2 个博士后流动站，1 个博士后科研工作站，累计培养博士后 1605 人。2017 年至 2021

年留深博士后近 400 人，相当于留深博士后中每 5 人中有 1 人来自该院，为鹏城科技事业发展输出了一批高质量人才，也为城市的建设和发展培养了一支创新力量。

先进院教育处处长杨帆介绍，深圳先进院通过精准匹配博士后人才的特点，按照"科研项目＋论文＋专利"灵活多样的培养模式，制定在站博士后的培养计划，造就了一支跨学科、复合型的博士后人才队伍。近年来，深圳先进院博士后累计发表论文 1553 篇，专利获授 786 件，国家自然科学基金青年科学基金项目获批 101 项，累计有 319 人获得中国博士后科学基金资助，高水平的科研成果和广阔的科研平台为博士后培养增添了强有力的学术砝码。先进院博士后的规模和生源质量均位列科研院所第一，联合企业培养，产业应用特色突出。通过建立与企业资源共享的机制，解决企业产业化的需求，促进各学科平台的搭建，聚焦高端人才。

2021 年 12 月，由先进院合成生物学研究所（以下简称"合成所"）、深圳合成生物学创新研究院举办的博士后创新联盟成立仪式暨联盟首期分享会成功举行。该创新联盟的发起人、合成院院长助理周佳海介绍："能够半独立开展科研工作的博士后是科研队伍的重要组成部分。合成所一共有 110 位博士后，是深圳先进院博士后最多的研究所。为了帮助博士后更好地开展科研工作，指导博士后更好地发展以及规划职业生涯，我们在合成所成立了此联盟，这是先进院的第一个博士后创新联盟。"作为博士后创新联盟首任主席，东京大学博士毕业的何海兵介绍了创新联盟的宗旨与工作方向，联盟致力于为博士后们搭建学术交流平台；借助深圳市工程生物产业创新中心的产业化优势基础，与专业领域内的企业建立沟通渠道；组织丰富、轻松、纯粹的文体活动，促进博士后的身心健康。

杨帆透露，2022 年初已经启动深理工（筹）博士后培养计划，依托深圳先进院计划新增博士后 300 人，在站超过 800 人，到 2022 年底累计培养博士后突破 1700 人，为粤港澳大湾区的发展提供源源不断的高端人才。

数据来源：深圳先进院

——●—— 历年在站博士后人数　　■ 历年博士"双一流"高校生源情况

深圳先进院博士后生源数量和质量稳步提升

科研项目数量质量双双攀升

国家自然科学基金是深圳先进院国家级科研经费的重要来源之一，对先进院的基础研究、人才培养以及学科发展等工作发挥着重要的引领和促进作用。2021 年，深圳先进院共获批国家自然科学基金项目 161 项，获批直接经费合计超 1.1 亿元，项目获批数在中科院研究所中排名第一。代表性项目有国家杰青项目 4 项、优青项目 5 项、重点项目 1 项、重大科研仪器研制项目 1 项、联合基金项目 4 项。

据统计，2017 年至 2021 年间，先进院牵头获批国家、省、市纵向科技计划项目近 2000 项，经费总额近 35 亿元。

"我们不仅仅争取到国家、省、市的科技计划项目，而且围绕科研项目全过程管理，制定了包括《纵向科研项目管理规定》《科研项目任务外包管理规定》《关联业务管理暂行规定》《科研项目资金管理制度》《科研项目经费包干管理办法》《科研项目预算调整管理办法》在内的一系列制度，推进项目管理专业化，提高科研管理服务质量。"先进院科研处副处长谭乐介绍。

近年来，随着国家陆续出台深化"三评"改革、"放管服"改革以及优化科研管理、提升科研绩效等政策，先进院认真研读并落实政策导向，定期修订院内管理制度。先进院每年开展年度纵向项目检查，梳理各层级项目验收自查点，借助各级科技业务系统中的年度报告、中期报告等，形成三级联动、多轮严格检查的机遇，确保项目顺利实施。

值得一提的是，近5年来，先进院完成国家、省、市各层级项目验收共计1500余项，通过开展大项目年度检查全覆盖、定期与各研究所进行验收经验分享、早发现问题项目、总结历年验收问题等举措提高项目验收通过率，例如深圳市科技计划项目一次性验收通过率达到98%，高于全市平均水平。

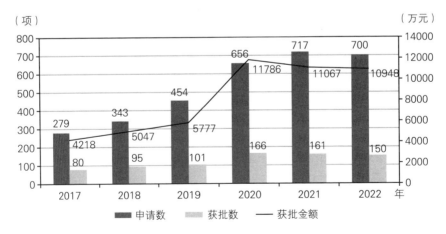

深圳先进院近年获批国家自然科学基金项目持续攀升，国家战略科技力量凸显

成为大湾区科技创新的强大引擎

深圳先进院荣获 2021 年度深圳市科技奖 7 项，分别是自然科学奖一等奖 3 项、科技进步奖一等奖 2 项、自然科学奖二等奖 1 项、青年科技奖 1 项。本次共斩获 5 项一等奖，较 2020 年数量翻倍增长，一等奖数量创历史新高，位居全市第一。其中，3 项自然科学奖一等奖中有 2 项属于材料领域，分别是喻学锋研究员作为第一完成人的"二维黑磷的制备与界面调控"项目和唐永炳研究员作为第一完成人的"新型双离子电池及关键材料研究"项目。还有一项属于合成生物学领域，是戴俊彪研究员作为第一完成人的"酵母长染色体的定制合成与应用"项目。戴俊彪、杨焕明团队历时 10 余年，开发了长染色体的层级组装合成方法与合成菌株的贯穿组学表征技术，合成了迄今为止最长的两条真核线性染色体，并实现了合成菌株的超速进化和代谢工程优化，为合成酵母的工业应用奠定基础。

此次先进院获得的 2 项科技进步奖一等奖，都属于社会公益类项目，显示出先进院的科研成果在公共卫生、天气预报等民生领域产生了良好的社会效益。一项是尹凌研究员作为第一完成人的"基于人员流动大数据的疫情精准防控关键技术与应用"项目，项目成果不但有助于广东省对流感、登革热等高发传染病的预测与干预，也为广东省各阶段的疫情防控工作提供了及时、持续、重要的决策支持。另一项是李晴岚研究员作为第一完成人的"登陆台风引发广东沿海风雨精准预报研究"项目，李晴岚团队与深圳市气象局合作 10 年，攻克了台风灾害预报等多个技术难点。

谭乐介绍，自 2012 年以来，先进院作为第一完成单位或第一完成人所在单位，共获得国家科学技术奖 2 项、广东省科学技术奖 13 项、深圳市科学技术奖 34 项。近 5 年，先进院牵头获得深圳市科学技术奖一等奖数量共计 12 项，还是第一个 2 次获得深圳市科技奖最高荣誉"市长奖"的单位。同时，先进院连续 7 年在广东省科学技术奖中斩获奖项。这些成绩凸显了先进院的创新精神与科研实力，在推动学科或行业科技进步方面发挥了重要作用。

2017 年，先进院郑海荣研究员领衔的超声团队完成的"超声剪切波弹性成像关键技术及应用"项目，获得 2017 年度国家技术发明奖二等奖，这是先进院首次作为第一完成单位获得国家科学技术奖励表彰。2021 年，上海联影医疗科技股份有限公司与先进院经过十余年合作完成的"高场磁共振医学影像设备自主研制与产业化"项目获得 2020 年度国家科技进步奖一等奖，郑海荣研究员为该项目第一完成人，标志着先进院实现了国家科学技术奖一等奖零的突破。

国家科学技术奖 4 项

| 牵头：国家科技进步奖一等奖 | 1 项 |
| 国家技术发明奖二等奖 | 1 项 |

省部级科学技术奖 46 项

牵头：广东省自然科学奖一等奖	1 项
广东省技术发明奖一等奖	4 项
广东省科技进步奖一等奖	3 项

市级科学技术奖 53 项

牵头：	市长奖	2 项
	深圳市自然科学奖一等奖	7 项
	深圳市技术发明奖一等奖	2 项
	深圳市科技进步奖一等奖	7 项

深圳先进院获各层级科技奖共103项，实现国家科技奖一等奖零的突破

深圳先进院做对了什么？

2022 年 5 月，《深圳晚报》记者周婉军为撰写《深圳口述史》专门采访了樊建平，就深圳先进院的发展历程，写就一篇名为《引领创新，探索新型科研机构深圳模式》的长文。

深圳先进院院长樊建平在高交会上接受媒体采访

樊建平回忆了先进院同仁 15 年来不断奋斗的历史：最初，深圳先进院是为了满足深圳科技发展的需要，同时在一定程度上改善中科院学科老化的状态，为创新而生的。中国科学院为了顺应当时国内的经济社会发展状况，调整科技资源在全国的布局，同时探索科研体制改革，决定在沿海一带启动 5 个新所的筹建工作。当时，深圳市主管科技的一位领导言辞诚恳地告诉中科院领导："深圳多一个或少一个亿元产值的企业无碍大局，但目前最需要一个能向企业提供科技支撑与服务，面向产业技术发展的研究所。"于是在那年春天，深圳市政府与中科院达成了共建中国科学院深圳先进技术研究院的共识。

经过实地调研，先进院确定了主攻方向：以新工业兼顾当前的产业布局。因为研究机构不是跟企业抢饭碗，而是要在新的领域推出新的东西，起示范引领作用，推动城市产业不断更新，因此，深圳先进院选择了"服务机器人、低成本健康与可穿戴技术、高端医学影像、大数据与云计算、电动车、太阳能电池、生物医药"等研究领域，还针对制造业升级的核心技术（如工业设计以及 IT 在智慧城市方面的应用）进行了布局。

先进院于 2009 年正式挂牌后，就迈入了"为生存而战"的阶段。深圳先进院始终发扬"应用创造价值"的理念，瞄准源头创新，引领多个行业加速发展，努力跑出迈向国际一流工研院和研究型大学的"加速度"。

一是带动产业营造创新生态。从深圳先进院成立之初，中科院对这个新成立的研究机构的一个最基础也最重要的检验标准就是做到"三满意、一认可"，即"当地政府满意，当地企业满意，当地人民群众满意，获得国内、国际科技界认可"。为了达到这个标准，深圳先进院坚持以"应用"为牵引，根据产业需求和定位不断更新学术方向设置和团队组成，在最短时间内打造出能对社会经济与科技发展进行强有力支撑的"国之利器"，其中，机器人产业就是一个非常典型的案例。早在 2006 年，深圳先进院就以前瞻性的眼光瞄准了"制造业皇冠顶端的明珠"——机器人，从源头布局机器人开发领域，开展集成创新与应用示范，培养相关技术人才。2009 年 3 月，由先进院牵头建设的深圳市机器人协会正式成立，标志着这一新兴战略性产业的发展步入快车道。

二是科教融合创办深圳理工大学。2018 年，深圳先进院的研究人员和研发规模都达到了一定体量，樊建平适时思考如何进一步发挥产学研深度融合的创新优势，立足深圳先进院现有基础，加入教育功能，创立一所现代化的研究型大学。当时，深圳正准备建设光明科学城，这实际上就是建设科学园区，园区里面有大量的研究机构、科学基础设施，而高水平的基础性研究大学将成为科学园区人才供给的核心承载区。于是，先进院把创立一所"小而精"的研究型大学的想法向深圳市委、市政府和中科院做了报告，很快就得到了一致认可。2018 年 11 月，中科院和深圳市人民政府签订合作办学协议，双方依托深圳先进院合作共建深理工。第二年，中共中央、国务院印发的《关于支持深圳建设中国特色社会主义先行示范区的意见》中就提到，希望深圳充分落实高等学校办学自主权，加快创建一流大学和一流学科，所以深理工的诞生恰逢其时。

三是跨越科技成果转化的"死亡之谷"。为了解决科学技术与科技成果转化之间存在的世界性难题，先进院一改科研成果产出后再寻求转化的传统模式，率先探索了"0-1-10- ∞"的"蝴蝶模式"，以"有为政府"和"有效市场"左右"蝶翅"，跨界整合驱动"10- ∞"的能级跃升，强化未来产业发展的核心竞争力。

先进院是中科院体系里的一个新型研究机构，已逐步成为一支国家战略科技力量。先进院副院长郑海荣认为，从内部看，深圳先进院主要做对了两点：一是创造了一个开放包容、与国际接轨的平台，面向世界聚集了一大批的科技人才；二是先进院跟国家战略新兴产业的需求非常紧密地结合，努力满足高科技产业发展的需要。

从外部看，先进院主要借助了两大优势：一是中国科学院这个国家战略科技平台的力量给先进院人的创新工作带来了很大的帮助。因为先进院科研布局也是瞄准世界科技前沿，中科院发扬科学精神和引领高标准的要求，对推动先进院的发展至关重要。二是立足深圳。由于深圳是一座具有移民文化的城市，在这里甚少论资排辈，可以激励先进，深圳改革创新、锐意进取、兼容并蓄的文化基因已日益融入先进院人的血液，成为他们的精神特质。

当被问及"先进院做对了什么"，先进院原副院长、广州能源研究所所长吕建成非常肯定地回答："先进院真正做到了尊重科学，尊重科学发展的规律，这是其最重要的成功之道。生产力有三个要素：劳动者、劳动工具和劳动对象。诸要素中，人是最活跃、最具能动性的，因为科学技术是由人发明的，科学技术只有被人在生产中加以运用，才能转化为现实的生产力。生产工具是生产力发展水平的标志，也是被人发明并由人加以运用和改进的。所以，人才是推动生产力发展的决定因素，人才是第一资源。"

围绕"第一资源"的理念，先进院始终坚持"四个面向"——面向世界科技前沿、面向经济主战场、面向国家重大需求、面向人民生命健康。樊建平院长每年带队到海外招揽高端科研人才，同时在先进院培育最适宜的科研生态环境，使人才和成果不断涌现。

"只要他们加盟先进院，就有专业服务团队提供全流程的保姆型服务，包括提升表达能力、对接企业资源、申报项目等，帮助他们熟悉国内科研环境从而快速成长。"吕建成说。先进院提供专业化的服务，推动他们把个人专长与国家需求相结合，在国家大的战略系统中发挥出创新的作用，把他们掌握的技术在国内实现深入研究并迅速产业化。

先进院尊重科学发展的规律，不仅坚持把人才作为第一资源，而且积极向政府建言献策，为国家和地方的科技创新政策献智献策。担任南山区政协常委的吕建成曾经借助政协提案渠道，为南山区科技创新工作提出了一系列宝贵建议，涉及《关于成立专门部门促进科技成果落地南山，强化本区科技优势转化为经济优势的建议》《关于进一步完善国际人才服务保障的建议》等提案，其中"探索打造国际化社康中心先行示范点，为国际人才提供同等待遇的医疗保障服务"的建议，获得南山区政府的采纳。

又如，在先进院的建议和推动下，国家自然科学基金委员会与深圳市政府在2016年共同设立了"机器人基础研究中心项目"，发挥国家自然科学基金的导向作用，吸引和会聚全国机器人研究领域的优秀人才，共同解决机器人研究领域的前沿科学问题和关键技术问题，促进机器人产业健康、快速发展；2018年，科技部与深圳市率先以"部市联动"模式启动了国家重点研发计划合成生物学重点专项，为我国合成生物学研究提供了稳定而持续的支持。由此可见，先进院对国家和地方政策的制定与科研资源的投入产生了积极影响，让前沿科技领域能够获得持续稳定的助力。

深圳先进院发挥国家科研机构的示范引领作用

深圳市发改委主任郭子平对先进院的发展成就给予了充分肯定："过去15年，先进院践行'工业研究院'使命，充分发挥'国家队'作用，在推动战略性产业发展、关键核心技术突破、科技人才培养等方面做出了重要努力，硕果累累，在深圳这片科技创新热土上，发挥着国家科研机构的示范引领作用。"

她首先从科技产业发展贡献方面肯定了先进院的贡献："先进院有自己的鲜明特色和优势领域，在机器人、高端医疗影像、人工智能、合成生物、生命健康等产业领域均有建树，为深圳产业发展提供了大量的技术研究成果和创新型企业。比如先进院在2014年牵头创立了中国第一个机器人产业协会以及产业联盟，建立中国第一个机器人孵化器，助力深圳机器人产业发展壮大。以先进院为会长单位的深圳机器人行业协会，聚集会员企业超600家，会员产值超1400亿，是机器人领域会员数量最多、产值规模最大的地方性协会，世椿智能、越疆科技等十余家会员企业获评第三批专精特新'小巨人'企业。又比如创新型企业培育孵化，先进院依托自身创新体系，孵化出联影医疗、中科乐普医疗等行业'独角兽'，其中与联影医疗合作的'高场磁共振医学影像设备自主研制与产业化'项目，获得2020年度国家科技进步奖一等奖。成功研制我国首型3.0T磁共振成像设备并实现产业化，这是我国高端医疗设备国产化替代和自主创新的里程碑式成果。牵头组建国家高性能医疗器械创新中心，这是医疗器械领域唯一的国家级创新中心。"

郭子平表示，从新型科研机构体制机制探索来讲，先进院在推动成果产业化模式上的创举，很好地解决了科技与产业发展"两张皮"的问题，为深圳"四链协同"体制机制创新提供了很好的样板。

第一个层面是通过科教融合助推"0—1"原创突破。先进院拓展科教融合模式，营造"新型研究型大学＋基础研究机构"的科教融合创新载体，深理工聚焦生命科学前沿领域，培养拔尖创新人才，攻克"0—1"的原始创新。同时组建合成生物学创新研究院、脑科学创新研究院等基础研究机构，培养兼具探索创新精神、丰富科学实践经验的"高精尖缺"人才，避免低水平模仿、同质化竞争的学科发展弊端。

第二个层面是通过科产衔接助力"1—10"产业转化。先进院在光明科学城牵头建设的合成生物和脑解析、脑模拟大设施，兼有科研平台属性和产业平台属性。这些设施将助力以合成生物学、基因编辑、脑科学、再生医学等为代表的生命科学前沿领域变革迭代，不断推动产业格局更新，为生命健康企业参与全球产业竞争提供科技支撑。

第三个层面是驱动"10—∞"的能级跃升。"蝴蝶模式"构筑了"科技引企、人才引企、政策引企"等广泛应用场景，例如通过设施导入市场需求，并投入适量的研发资金，系统解决思维验证、技术需求、原型产品等环节的问题，促进投入产出比的倍数和价值增值。同时，推动市场吸纳科技成果，快速实现具有颠覆性的产业集聚。

令人振奋的是，先进院自成立以来，每年都在重大科技任务、重大成果产出、国际合作成效及人才队伍建设方面不断进步，专利申请量和授权量逐年攀升，发挥着国家科研机构的示范引领作用，这些亮眼成绩的取得，恰恰是先进院坚持"四个面向"、主动服务"国之大者"的生动注脚。

【案例链接】含镁骨修复材料惊艳世界

香港中文大学的秦岭教授作为深圳先进院转化医学研究与发展中心（以下简称"转化医学中心"）的创始主任，与团队共同研发了含镁骨修复材料。这个原创性成果成功实现了从基础研究向临床应用的转化，不仅是国内首创，更是全球首创。

秦岭教授对开展深港合作推动创新材料的产业化赞不绝口："这项科研成果能够进入临床，造福病人，这是大家合作的结果，我们取得了骨修复材料技术上的突破，也得到了国家的大力支持。在法律法规上支持生物材料创新研发，使创新材料产品能够进入临床应用，实现'0'到'1'的转化，意义非常深远。"

1. 医学转化中心应运而生

2009 年，先进院院长樊建平带队赴香港中文大学威尔斯亲王医院考察，了解到秦岭教授在骨科领域的成就和其成果转化发展的理念，考虑到国内老年群体对骨科新技术需求很大，遂邀请秦岭教授在先进院医工所建立一个联合性的研究中心。

秦岭教授回忆道，香港很多高校在世界上排名很高，当时的评价标准主要是看发表的学术论文水平，而今越来越强调科技成果对社会的贡献，香港在成果转化方面有不少局限性，主要是缺乏产业环境和应用市场。到深圳先进院建立一个研究中心是非常好的机会，可以借助三方共建的平台，利用深圳和内地的产业资源和市场条件，把香港实验室的研发成果成功转化，造福社会。因此，在香港中文大学的支持下他欣然接受了樊建平的邀请。

以秦岭教授为主任的转化医学中心，2009年12月在深圳先进院挂牌，这是中国科学院系统内第一个以转化医学命名的创新研发中心。转化医学倡导实验室与临床研究双向转化，其核心是将医学生物学基础研究成果迅速有效地转化为可在临床实际应用的理论、技术、方法和包括药物及医疗器械在内的产品。转化医学打破基础医学、产品研发和临床医学之间的屏障，加强研究与应用之间的结合，在它们之间建立起一座双向转化的桥梁。

由于骨科器械及材料在中国医疗市场中份额占比高，所以转化医学中心的定位就是研发具有自主知识产权和临床应用价值的创新骨科器械和内植物、生物医药和辅具，实现临床转化。

2010年2月，秦岭教授派他在香港中文大学工作时的研究助理张鹏博士到转化中心，担任该中心首任执行主任，开展日常的科研和管理工作。张鹏拥有两个平台的工作学习经历，发挥出了良好而有效的融合和协调作用。

对于该中心的发展，樊建平和时任医工所所长郑海荣（现任先进院副院长）分别给予了指导，希望中心继续发挥深港两地特色，围绕院、所核心科研方向，深挖潜力，努力将中心打造成更高水平的深港合作典范平台。

2. 好成果来自多年的沉淀和积累

一项好的科技成果，通常需要十几年，甚至几十年的沉淀和积累。秦岭教授及其团队关于新型镁植入物的核心发明技术获得美国和中国多个发明专利，产品荣获4项日内瓦发明金奖和2019年中国专利奖。

秦岭教授介绍道，1988年他在德国科隆体育大学攻读创伤骨科和康复理疗课程，于1992年获得运动科学博士学位。求学期间，他因受邀参加在瑞士达沃斯举行的世界冬季滑雪自行车锦标赛意外摔伤了颧骨，需手术固定，伤口和骨折愈合后还需要拆除用于固定的植入物，给他造成巨大的心理负担。他当时就想，如果有一种可以降解的骨科植入材料，无需再进行外科手术拆除就好了。机缘巧合，他博士毕业后加入瑞士达沃斯国际骨折内固定研究所，从事博士后研究，1993年受聘于德国柏林夏里特医科大学医学院创伤和重建外科学系，从事骨折愈合和骨健康方面的研究。1994年底，他加入香港中文大学，后来与北京大学郑玉峰等国内从事医用金属材料尤其是可降解镁金属研究的教授和企业家们通过交流结识。从那以后，秦岭教授就开始研发镁和镁合金骨科内植物，早年与郑玉峰教授的合作还曾获两地（NSFC-RGC）联合资助。

镁金属在治疗骨科疾病上的应用实际已有百年历史，但是镁金属植入骨内后，发生重建修复作用的机理一直不是很清楚，影响了临床转化进程。秦岭教授带领团队，通过多学科、多领域交叉合作，历经十余年终于取得了突破性的进展。首次发现镁植入物降解释放的镁离子可以通过刺激骨膜感觉神经末梢产生和传递更多CGRP（降钙素基因相关肽），介导Camp-CREB-Osterix信号通路促进骨膜干细胞向成骨分化，从而促进骨折愈合。该原创性成果揭开了近百年来对镁基内固定物调节骨修复之谜。*Nature Medicine*（自然医学）、*Advanced Science*（先进科学）和*Materials Today*（今日材料）等杂志均刊登了该成果，相关研究亦被纳入ISO安全性评定新标准的重要参考内容，填补了国际空白，促进了临床转化。2018年，*Nature*（自然）特刊介绍了秦岭教授团队在可降解金属的创新研发和临床转化工作中的突破性贡献，以"改变人类生活的创新发现"进行评论。2020年，合作企业东莞宜安-镁安公司生产的生物可降解高纯镁骨钉历史性地获得了欧盟市场认证，亦被*Science*（科学）作为科研新亮点加以报道。

3. 当含镁骨修复材料遇见3D打印

2010年7月，赖毓霄从复旦大学高分子化学与物理专业博士毕业，加入了先进院转化医学中心，主要从事骨科相关生物材料的研究。

秦岭教授是国内最早一批研究含镁骨修复复合材料的教授，在他的指导下，赖毓霄和同事们尝试用镁粉末替代整块镁，并混合使用可降解的医用有机和无机材料。镁粉降解后的局部碱性环境既可以培育成骨和成血管，也可以降低植入部位的炎症反应。继而，秦岭教授团队将镁金属颗粒与可降解的聚合物用低温3D打印的方式制成骨科多孔植入支架材料。由此，赖毓霄踏上了一条崭新的科研和临床转化之路。

当时，清华大学孙伟教授正在进行3D低温打印技术的相关研究。由于镁的熔点低，高温打印易引起爆炸，因此低温打印技术特别适合相关产品研发。秦岭教授把孙伟教授介绍给赖毓霄，并派她去北京深入探索这项实验工作。

赖毓霄对这个全新的研究领域充满了兴趣和热忱，奔赴清华大学机械系做实验，但是她从市面上采购的镁粉并不适合3D打印，经历了一段时间的摸索才筛选出合适的镁颗粒。一个多月后，她带着含镁复合材料回到深圳，秦岭教授对这个样品十分满意，该样品不仅硬度高，而且结构规整、性能良好，适合做骨修复材料。秦岭教授嘱咐赖毓霄赶紧撰写专利申请，并马上开展小动物实验和学术论文撰写工作。

不久，这项研究成果连续发表在 *Biomaterials*（生物材料）和 *Journal of Orthopaedic Translation*（骨科转化医学）等杂志，该原创性成果转化成了包括含镁骨修复材料在内的系列创新型镁基骨科内植物。

秦岭教授介绍，他们牵头的"基于新型快速成型技术构建的活性骨修复材料修复难治愈性骨缺损的研究"，2012年成功入选了国家自然科学基金委员会与欧盟科研与创新总司合作研究项目，获得了300万元资助，这是欧盟第七框架计划中的一个大型科研项目。此次国际科技合作产生了良好的国际影响，这项研究了多年的科技成果终于走出"深闺"，惊艳世界。

4.含镁骨修复材料成功走出实验室

此后，赖毓霄研究员团队继续围绕含镁骨修复材料做各种实验，验证它的各项性能并进行毒性测试。此项研究一直延续了 10 多年，不断产出新的成果。

随着科研成果的不断深入，这种新型 3D 打印骨修复材料被产业界关注。它是一种具有促成骨活性的个性化可降解复合材料，具有良好的生物相容性、可降解性、骨传导性及骨诱导性的特点，主要用于创伤和疾病所造成的骨损伤的治疗和骨再生，临床应用前景十分广阔。

"这项技术吸引来了投资商寻求合作，于是我们用发明专利'骨修复材料及其制备方法'作为技术入股，2012 年成立中科精诚医学科技有限公司，实现了技术创新向产业和临床的转移转化。"赖毓霄介绍。

秦岭教授说："当年，国家药品监督管理局对永久植入材料的检测和认证是与国际接轨的，但对创新材料的检测和认证还没有，这既是机遇，也是挑战。因为，含镁骨修复材料是植入性器械，属于Ⅲ类医疗器械，国家药品监督管理局对此类器械的审批极其严格，也使得这项科研成果非常不容易从实验室走出来。"

明知山有虎，偏向虎山行。赖毓霄研究员团队平均年龄不到 35 岁，他们怀抱着应当尽早让这样一项创新技术走出实验室、造福病患的纯朴想法，夜以继日，孜孜以求，从成型工艺到检测方法、检测标准，均没有前人经验可借鉴，全靠团队一点一点去摸索。如果测试流程被否定了，就重新思考新的方法；如果实验方法不对，就请教相关专家探讨新的路径。假如问赖毓霄最难的是哪一步，她早已记不清自己跨越了多少道坎。

2018 年，"含镁可降解高分子骨修复材料"凭借应用的独创性通过了国家药品监督总局创新医疗器械特别审批，这是最早获批的含镁 3D 打印骨修复产品之一，更是深港合作研发与转化为临床应用高端医械产品的典型示范。2019 年，新型镁植入物的生物安全性获得认证，成功通过了国家医疗器械注册多中心临床测试，实现了从"0"到"1"的飞跃以及由基础和临床研究成果向临床应用的转化。

秦岭教授欣喜地说："经过这些年的努力，我国相关的法律法规也接受了我们团队的建议，取得重要的突破，创新材料产品能顺利进入临床，其意义十分深远。"

2021 年 3 月，含镁可降解高分子骨修复材料临床试验在北京积水潭医院顺利启动，2022 年年初也陆续在上海交通大学附属第九人民医院、上海市第六人民医院、广州市第一人民医院、深圳市第二人民医院和北京大学深圳医院开展多中心临床试验。

第二章 加速成果转化 助力大湾区发展

先进院院长樊建平十分重视科研成果的产业化，他反复强调："成果落地和产业化，对当今的中国，对被人家'卡脖子'的中国，我觉得是极其重要的。"话语里蕴含着紧迫感和使命感，奋起直追、顽强拼搏的信念则镌刻在他眼眸深处。

深圳先进院不忘初心，践行"工业研究院"的使命，充分发挥"国家队"作用，以重大战略需求为导向，在推动行业发展、关键核心技术突破、促进成果转化等方面做出了不懈努力，硕果累累。

先进院是中科院体系里的一个新型研究机构，已逐步成为一支国家战略性的科技力量，在深圳这片科技创新的热土上，发挥着示范引领的作用，为深圳建设粤港澳大湾区国际科技创新中心提供源源不竭的动力。

高端医疗影像团队斩获国家科技进步奖一等奖

针对我国高端医疗设备严重依赖进口、创新乏力的困境，深圳先进院应对国家重大需求和人民生命健康需求，与联影医疗共同开展了"3.0T 磁共振成像系统"研发，先后完成了一系列关键核心技术的突破，建立高场磁共振整机自主制造体系，实现了大型成像设备自主创新、国产制造和临床应用的跨越，填补了我国高场磁共振整机制造的空白。研究成果获得国家科技进步奖一等奖，并获批医疗器械领域设立的唯一制造业创新中心——国家高性能医疗器械创新中心。

1. 首型 3.0T 系统荣获国家科技进步奖一等奖

2021 年 11 月 3 日，国家科学技术奖励大会在北京隆重举行，上海联影医疗科技股份有限公司与中国科学院深圳先进技术研究院等单位合作完成的"高场磁共振医学影像设备自主研制与产业化"获得国家科技进步奖一等奖。

高端医疗影像团队斩获国家科技进步奖一等奖，图为深圳先进院参与该项目核心成员

该项目历经十多年跨领域、多学科的合作，研制出我国首型 3.0T 人体磁共振成像设备（以下简称"3.0T 系统"）并实现产业化，这是我国高端医疗设备国产化替代和自主创新的里程碑式成果。

项目首席科学家、深圳先进院副院长郑海荣研究员为项目第一完成人，上海联影医疗科技股份有限公司为第一完成单位，中国科学院深圳先进技术研究院为第二完成单位。

磁共振技术是心脑血管、神经和肿瘤等多种重大疾病影像诊断的利器，研发涉及学科门类繁多，技术体系精密复杂，研发高场磁共振技术更是难度极大。超导磁体和高性能谱仪是整个磁共振系统的核心，全球仅有个位数的企业具备磁共振设备所有核心部件的自主研发能力。购置一台高场磁共振设备动辄几千万元，患者检查成本很高，很多老百姓用不起。

急医疗所急，念产业之痛，2009 年，郑海荣研究员牵头先进院旗下的劳特伯医学影像实验室，与联影医疗创始团队共同开展了"3.0T 磁共振成像系统"研发工作。针对磁共振成像速度慢的世界难题和高场超导成像的技术封锁，项目创建了"软硬件协同"的磁共振快速成像技术体系，构建了影像数据"稀疏采集、快速扫描、精准重建"的技术路径，攻克了系统核心部件和成像技术难关，在快速成像软件与电子学、谱仪、射频功放、射频发射线圈、梯度功放、梯度线圈、超导磁体等一系列关键核心技术实现突破，多项技术指标达到国际领先水平。比如，发明了三维张量编码扫描技术，研制了世界最大孔径高场超导成像磁体，突破了业界最高功率的梯度功放部件，建立了高场磁共振整机自主制造体系，创新了心脏、大脑等快速成像序列和重大疾病定量诊断技术，与医院合作构建了全身临床应用技术体系等。

3.0T 系统研制成功打破了国外长期的技术垄断，使中国成为继美国、德国之后极少数独立掌握磁共振全部核心技术和整机制造技术的国家，为5.0T 和 7.0T 超高场人体磁共振研发奠定基础，改变了磁共振国际产业和技术格局；国产高端磁共振系列产品已经走进全国 31 个省市自治区的千余家医院，并实现了向美国、欧洲等海外市场的逆向输出，我国由净进口国变为出口国，有效缓解了老百姓看病贵、看病难的问题，具有重大社会与经济效益。

2. 国奖背后的创新逻辑

科技进步是国家发展和改善民生的强大推动力。为奖励在科技进步活动中做出突出贡献的个人、组织，调动科学技术工作者的积极性和创造性，国务院设立了国家科学技术奖。郑海荣项目团队能够夺取国家科技进步奖一等奖，背后的创新逻辑是怎样的？

郑海荣解释道，这是有别于传统的科技创新的模式，背后的创新逻辑是三种机制：一是做科研要紧盯国家战略需求，不能全凭自己的兴趣去自由做科研，十年磨一剑，既不一味追求发表文章，也不刻意去争大项目，而是默默无闻、心甘情愿地攻克关键技术。团队里的每个人都认为值得做，值得隐姓埋名，长时间做有价值的研究、有产业需求的研发工作。虽然没有发表文章，但项目在研发过程中获发明专利 124 项、获授权美国专利 11 项，突破了国际知识产权壁垒，构建了自主知识产权体系。

二是与企业紧密合作，明确研究机构自身的价值在哪里，不与企业争利，研究人员将自己掌握的科技前沿技术落实到产品中去，赋能到机器设备上，才是真正提升产品的国际竞争力。

三是深圳先进院有一套科学灵活的团队管理机制，激励团队成员不断创新，从工资待遇到奖金分配，考虑到每个成员的具体技术贡献，不看他的论文和经费，让科研人员收获应有的回报，特别是成就感，可以沉下心来扎扎实实做科研。

目前，为满足脑科学等重大前沿科学需求，在我国首型 3.0T 系统完成之后，郑海荣团队正与联影医疗合作攻关高端 7.0T 人体磁共振成像技术；在中科院的支持下，组织开展我国未来 14.0T 极高场磁共振成像核心技术预先基础研究，筑梦未来大国重器、科学明珠。

"如果留在美国，我也能当教授带学生，但很难有机会把发明成果高效地转化为造福民众健康的尖端产品。"郑海荣自豪地说，"国家的需要，是科技工作者的努力方向，是科技进步的重要动力。先进院时刻在思考，围绕国家重大的需求，能做什么，我们把医疗的需求、产业的'痛'看在眼里，急在心头，做到与其'共情'。深圳先进院团队持续奋斗了十多年，成功构建了我国高端成像装备的技术体系，使我国在关键领域拥有完整的工业体系、创新体系，我们一直在为之奋斗。"

3. 世界首创 5.0T 核磁，改变磁共振国际产业格局

长期以来，我国的高端诊断设备依赖进口，洋品牌市场占比在 80% 以上，每年超过 180 亿美元用于采购洋品牌设备。为了突破高端医学影像的关键技术问题，郑海荣团队与联影医疗合作完成世界首创的 5.0T 人体磁共振成像系统和全部核心部件的自主研制，改变了国际高端医学影像产业的版图。

超高场人体磁共振成像系统（3.0T 以上）的自主研制和医学应用是我国高端医疗仪器发展的重要任务。超高场可提供微米级空间分辨率和高清晰分子代谢成像，是脑科学研究和重大疾病早期诊断的利器。然而，由于超高场中射频波长显著短于人体尺寸，因射频场不均匀导致图像伪影、射频能量安全沉积、成像速度慢等共性技术难题亟待攻克。

先进院医工所所长梁栋介绍，7.0T 及以上成像系统目前仅用于脑成像研究，尽管德国西门子和美国通用最新一代 7.0T 技术分别于 2017 年和 2020 年获得了美国食品药品监督管理局临床注册认证，但仍然限于头部和骨关节成像，难以进行全身临床成像。

鉴于 7.0T 技术的诸多技术限制和巨额成本，在科技部"十三五"重点研发计划"5.0T 超导磁共振核心部件及系统研发"和深圳市重大装备研发项目的支持下，深圳先进院联合上海联影医疗等单位重点突破超高场全身成像关键技术，开发射频均匀激发、热吸收安全监控新技术，探索超高场临床应用新序列，研制出世界首款 5.0T 人体超导磁共振成像系统，实现超

高场全身快速、安全、高分辨成像。2022 年 8 月 31 日，该系统获得国家药品监督管理局注册认证，这也是世界首张超高场人体全身核磁成像产品注册证。

2021 年底，团队中的刘新研究员牵头先进院和国内优势科研团队获批科技部"十四五"重点研发计划，"基于学习模型的超高场磁共振成像关键问题研究"获得 1700 万元的科研经费支持，进一步瞄准现有超高场应用系统面临的图像质量、射频能量沉积安全以及成像速度慢等全球性技术难题。然而，由于超高场成像变量增多，复杂度加大，加上人体电导介质不均匀性加重，基于现有预设模型的迭代算法仍然无法保证稳定的图像质量。

项目团队针对传统建模困难与求解精度低且不稳定等问题，构建可学习正则化模型，研究基于深度学习的自适应性，实现快速准确及稳定求解。基于这一理论框架和 5.0T 成像平台，进一步研发面向超高场的新型均匀射频激发和快速成像技术，实现超高场人体热吸收率的准确监测和全身成像的临床应用。

刘新研究员介绍道："该项目的预期成果包括国际领先水平的新型超高场多通道并行射频激发与谱仪控制系统，以及多核分子代谢成像前沿技术和全身临床应用，我们将在未来 3 年至 5 年里，显著提升国产核磁设备的成像性能和市场竞争力，为研制中的国产超高场人体成像系统提供关键基础技术。"

过去十多年，先进院医工所郑海荣团队一直跟联影医疗紧密合作，在高端医疗设备的研制上攻克了无数个技术难关。梁栋常常会给新加入医工所的同事们分享一篇报道：2014 年 5 月习近平总书记考察上海联影医疗科技有限公司，得知联影医疗在高端医疗影像设备领域初闯新路，总书记很高兴地说："医疗设备是现代医疗产业发展的必备手段，现在一些高端医疗设备基层买不起、老百姓用不起，要加快高端医疗设备国产化进程，降低成本，推动民族品牌企业不断发展。你们的事业大有可为。"在总书记的鼓励之下，梁栋和他的同事们在高端医疗设备研制的道路上不断追赶，不断超越，逐渐引领行业的方向。

4. 研制科研仪器是医工所的优良传统

梁栋说，医工所有研制科研仪器的优良传统，基于三方面的原因：其一，生物医学工程学科是强交叉的学科，医学、生物、工程、电子、材料、人工智能等多个学科交叉在一起，而它的出口是医疗器械和仪器装备；其二，医工所成立之初就确定了"学术引领、服务产业"的目标，形成了一支科学家和工程师混搭的团队，通过协作创新，不断设计出新的仪器装备；其三，我国科学仪器长期依赖进口，就等于科学研究受制于人，为了解决这个短板，医工所把研制科研仪器作为一项使命，扛在自己的肩上。

2014 年，刘新研究员牵头的"基于高场磁共振的三维动态温度测量与调控系统"，获批国家自然科学基金委员会公布的国家重大科研仪器研制项目，这是医工所承担的首个国家重大科研仪器研制项目。

此后，宋亮研究员负责的"用于易损斑块研究的血管内光 / 声多模态、多尺度成像系统"、郑海荣研究员牵头的"基于超声辐射力的深部脑刺激与神经调控仪器研制"、杨永峰研究员负责的"面向猕猴脑科学研究的高清晰磁兼容 PET 成像系统"、马腾研究员负责的"用于胰胆管病变研究的多模态声光融合内窥成像系统"、郑炜研究员牵头的"活体多脑区神经活动光学成像同步检测系统研究"、葛永帅研究员负责的"纳米分辨 X 射线微分相衬显微镜"、罗茜研究员牵头的"用于肿瘤代谢异质性机制研究的在体质谱仪器研制"和孟龙研究员牵头的"基于超声辐射力的细胞杨氏模量定量测量与筛选仪器研制"，先后获批国家自然科学基金委员会批准的国家重大科研仪器研制项目。其中，郑海荣牵头的是广东省第一个部委推荐类重大仪器研制项目。在国家重大科研仪器研制队伍中，深圳先进院医工所成为一支综合实力强、敢打硬仗的骨干力量。

机器人产业硕果累累，形成规模

机器人是智能制造的重要载体，其研发、制造、应用是衡量一个国家科技创新水平和高端制造业水平的重要标志，是抢占智能社会发展先机的重要战略领域。

近年来，先进院团队在机器人研发方面走在全国前列，尤其在船体除锈机器人、自动喷涂机器人、医疗机器人、核电机器人、柔性下肢外骨骼机器人和水下外骨骼机器人等高端机器人开发和应用领域不断涌现出成果，对我国快速发展的机器人产业起到了强有力的支撑作用。

1. 工业机器人大显身手

2022 年 6 月，位于舟山的中远海运重工有限公司的大型船坞里，长 340 米、宽 47.2 米的集装箱船正在进行除锈作业，18 台除锈清洗爬壁机器人携带超高压清洗盘快速工作，1 台机器人的效率是 1 名工人的 5 倍，而且除锈效果更好，除锈清洗爬壁机器人可将工人从除锈清洁的繁重劳动中彻底解放出来。这幅画面来自深圳先进院最新特种机器人技术的一个应用现场。

先进院精密工程研究中心何凯团队的研究出发点是结合产业需求，解决行业痛点。团队注重学科交叉、集成创新，擅长利用模块化设计与优化、有限元数值仿真、虚拟样机及智能控制等机械自动化共性技术解决工程应用问题。他们研制出基于高压水射流技术的除锈清洗爬壁机器人，可应用于船舶外板、石化储罐内外壁、风电塔筒的除锈除漆作业。该技术可以完全取代目前国内传统的人工干气喷砂除锈方式，远程遥控作业，安全可靠，实现绿色、无尘、高效、高质量除锈除漆清洗。团队还开发出爬壁喷涂机器人，可实现大型构件表面的自动喷涂，提高喷涂效率，降低生产成本，目前已成功应用于储罐、风塔表面的喷涂作业。针对轮船、高铁、货车等大型交通运输工具的喷涂需求，何凯团队还通过信息交互、多传感器融合、离线编程等技术，实现多个机器人协同喷涂作业。

用于三峡水电站的液压启闭机活塞杆锈蚀检测的机器人是团队另一项研究成果。根据防汛、发电、通航需求，大坝的闸门需要定期打开和关闭，而液压启闭机就是控制闸门的开关，其活塞杆直径在 200 毫米至 410 毫米之间。经过数年运行，液压启闭机表面存在一定程度的锈蚀，容易造成漏油、污染液压轴、加速密封磨损等危害，严重时甚至会影响水电站的运行。

电站工作人员需要对液压启闭机进行定期的锈蚀检测，传统检测方法需要通过人工搭设脚手架检测活塞杆，安全风险大，工期长，成本高。如果使用团队开发的锈蚀检测机器人，以上问题就全部迎刃而解了，爬壁机器人搭载 2D 和 3D 相机，对活塞杆表面锈蚀情况进行图像采集和合成，生成缺陷报告。这项技术已成功应用于三峡水电站，将单次检测时间从传统搭脚手架检测所需的 20 天缩短到 2 小时以内。

自《中国制造 2025》公布以来，我国机器人行业高速发展，机器换人成为新趋势。为了更好地推动工业机器人成果转化，何凯团队已经孵化出一家高新技术企业"深圳市行知行机器人技术有限公司"，该企业近期已完成 A 轮融资，融资总额达数千万元人民币，这是该公司继 2020 年获得 Pre-A 轮融资后，再度获得投资者青睐。该轮融资完成后，行知行机器人将持续巩固在国内高空作业爬壁机器人领域的龙头地位，同时加速优质产品在船舶、石化、风电等场景的拓展应用，践行"洁净世界，安全作业"的企业使命。

2. 突破医疗机器人关键技术

除了工业机器人之外，先进院在医疗机器人方面也早有布局。我国医疗机器人行业自 2010 年以来进入快速发展阶段，多个细分领域的国产手术机器人产品先后上市，但是核心技术仍然被国外垄断。

先进院集成所胡颖研究员介绍，手术机器人是集临床医学、生物力学、机械学、计算机科学等诸多学科为一体的新型医疗器械，整体运行需要多项技术的协同。其中，系统软件中的图像重构、空间配准和定位控制是手术机器人最为核心的部分；而硬件装置（如机械臂的设计）则需要与手术具体情况相结合，反复实验；人机交互的主机必须充分考虑医生的治疗习惯和临床应用场景。先进院集成所组建的认知与交互研究中心既有手术机器人的团队，又有图像处理的团队，因此具有先天的人才优势和交叉创新优势。

2017 年，胡颖团队申报的深圳机器人基础研究中心项目——"骨科手术机器人组织 - 器械交互作用机理与多源信息感知方法研究"获批了国家自然科学基金。她介绍，由于患者个体差异性大、手术空间和视野狭小、解剖标志点和空间位置关系不明显等问题，对骨科手术机器人操作安全性提出了更大的挑战。先进院团队以骨科手术机器人安全应用为目标，考虑到患者的个体差异以及典型骨疾病特征，建立基于多物理场耦合的骨组织，即器械有限元模型，并进行基于离体培养的骨组织损伤评估；提出基于多源信息的手术状态表征方法，形成骨科手术机器人精细感知和安全控制方法。

胡颖说："我们的骨科手术机器人具备精细感知和安全控制关键技术，为该类机器人的临床应用提供了重要的理论支撑。在先进院这样的科研机构做研究，可以围绕自己感兴趣的方向做跨学科的前沿创新。企业的创新活动大部分只是围绕产品的创新展开，以追逐利润为导向，在大学做创新则受限于缺少稳定的人才队伍，如果没有稳定的人才团队，就无法开展有深度的科研工作。"

2021年，她的团队承担了国家重点研发计划"数字诊疗专项"，研制具有自主知识产权的医用光学定位跟踪系统，打破国外产品垄断，为医用机器人导航系统提供国产化部件，有力促进手术机器人产品升级，为解决我国医疗健康问题提供强大的技术支撑。

这一年，胡颖还牵头了"超声医生手法模拟算法与机器人自主扫描关键技术"项目，成功获批国家自然科学基金数学天元基金"数学与医疗健康交叉重点专项"。这涉及胡颖团队与中国人民解放军总医院最新合作开展的前沿研究方向。

众所周知，超声检查具有价格低、无辐射、方便快捷等优点，已成为目前临床应用最为广泛的影像诊断方式。与CT、MR检测不同，超声检查和诊断极为依赖医生的操作经验，这会严重影响超声检查的规范化和诊断的一致性。

胡颖团队重点研究了超声图像质量评价方法、动态环境下的超声自主扫描规划与精准控制、基于多源信息的病灶识别等方向，开展系统集成及临床试验验证，为推动安全、可靠的自主超声机器人走向临床奠定基础。

3. 特种机器人应用于核电领域

机器人在特种领域的应用潜力非常大，在核电行业更是存在很大的需求。2022年2月，深圳先进院集成所副所长、深圳先进院智能仿生中心吴新宇团队再次与中广核研究院有限公司（以下简称"中广核"）合作，签订"蒸汽发生器下封头环焊缝在役检查装备"合作协议，致力于用智能特种机器人取代人工。这是继2021年9月双方签署"蒸汽发生器二次侧爬壁式检测系统"研发合同后的又一项深入合作。

早在2012年12月，吴新宇研究团队就与中广核签订了合作协议，针对蒸汽发生器二次侧底部布满传热管、空间狭小、无光照、检测无法完成的现实难题，携手开展爬壁式检测系统研制。其间对爬壁机器人本体、视频检查模块、运动控制系统、三维仿真软件和人机交互技术进行了摸底，通过模拟体试验对爬壁机器人的性能参数进行了系统测试，各项指标均达到合同要求，该项目于 2014 年 3 月顺利结题。

之后，他们针对机器人的自主控制、智能环境感知、特种检测等技术持续开展深入研究，积累了丰富的研究经验。为了获得更多的经费支持，2019 年 6 月，该团队与河北工业大学张明路教授联合申请了科技部国家重点研发项目并获批，项目名称为"面向大型立面维护的作业机器人关键技术研究与应用示范"。

经过多年的技术积累和沉淀，中广核从 2021 年开始继续与吴新宇团队开展科研合作，努力实现核电设备关键部件在役自动化检测，以科技赋能核电设备安全运行。核电机器人由于具备抗辐射能力和较强的越障能力，可在核电监测和检修环节获得广泛的应用。

4. 外骨骼机器人将从陆上走入水下

"过去几年，我们研制的机器人不仅被用于核电检修，而且其中的柔性下肢外骨骼机器人在助老以及医疗领域均有广阔的应用前景，未来还将推出水下外骨骼机器人，帮助潜水员进行打捞救援、海底管线与电缆的铺设。"吴新宇介绍道。

柔性外骨骼机器人是一款可穿在人身上的机器人，被称为"可穿戴的机器人"，可帮助士兵长途跋涉，还可以帮助老人、行动不便的人士正常行走，实现对各种运动模式（如行走、转向、奔跑、上下斜坡与楼梯等）的实时监测与响应，具有非常好的自适应能力，在军工、助老以及医疗领域均有广阔的应用前景，是当前各国研究的热点，具有重要的社会、经济效益。

"普通人背负 20 公斤重物的情况下走 5 公里就会筋疲力尽，而穿上柔性外骨骼机器人可以让你健步如飞。"吴新宇介绍说，"该机器人由传感器、控制系统和驱动系统组成，重量只有 1.5 公斤，是国际上最轻的柔性下肢助力外骨骼机器人。与以往的全金属结构的刚性外骨骼不同，柔性外骨骼采用了柔性驱动的方式，可使外骨骼机器人与穿戴者具有很高的兼容性，不会改变穿戴者本身的习惯；可通过多传感器的反馈信号识别穿戴者的运动意图，并快速响应，给予合适的助力，从而保证穿戴者的舒适性和机动性。另外，对电机和机械结构的优化，使系统的实时响应速度得到极大提高，在快速运动的状态下依然能提供稳定助力。"吴新宇团队围绕多场景关键技术，制成柔性下肢助力外骨骼机器人，也是世界上首套用于参加马拉松比赛的外骨骼机器人。他们研制出的这套国际首创的刚性支撑、柔性驱动的外骨骼助力系统，有效降低了负重行走时的人体代谢消耗，实现外骨骼与穿戴者的智能化有机耦合以及人体机能增强。该项目多次参加高交会，并被央视新闻、新华网等重要媒体专题报道。

吴新宇介绍，"多模融合人体意图识别"项目被科技部列入国家重点研发计划——政府间国际科技创新合作重点专项，旨在研发一种能够快速准确识别人体运动行为意图的人机接口系统，探索人体运动行为意图在生物和物理信号中的表征，完成人体脑电、肌电运动信号特征提取与模式识别，并在上下肢人机接口平台上进行实验验证。中日双方的合作重点将围绕脑电、肌电活动映射机制建模这个科学问题，开展以连续信号输出为目的的意图识别人机接口研究。借助日方的国际领先优势，合作开展基于生物与物理传感信号的多模态信息融合策略研究，共同搭建上下肢人机接口验证平台，最终突破人体运动意图理解的技术难题。该项目 2021 年通过了中期考核，考核结果为"优秀"。

值得关注的是，柔性外骨骼机器人是机电、信息与生物技术融合的研究成果，旨在为老年人、残疾人提高肢体运动机能和生活质量。但如何有效获取与理解人体运动意图，成为制约可穿戴式康复助力设备进一步发展和应用的难题。因此，人体运动意图的获取与理解是当前该研究领域的重要需求，吴新宇团队和集成所认知与交互技术研究中心王琼课题组合作进行的"面向高级脑机交互的视听觉认知基础理论与关键技术研究"被列入国家重点基础研究发展计划。2021 年，"基于柔性可穿戴传感的自然人机交互机制与协同控制策略研究"获批国家自然科学基金联合基金重点项目，将对基于柔性传感的穿戴式机器人的共性关键技术展开研究。

吴新宇对柔性外骨骼机器人的产业化充满了期待。2022 年春天，他的团队成员陈春杰与长沙优龙机器人有限公司签署协议，围绕偏瘫柔性外骨骼机器人方向在前沿技术研究、新产品开发、技术平台建立及人才培养等多层面进行广泛合作，预计在一年内取得医疗认证。未来，力争成长为国内医疗外骨骼机器人行业的领军企业。

机器人不仅在陆地上有广泛的应用，未来还将服务于水下工作场景。潜水员在进行打捞救援、海底管线与电缆的铺设、检测与维修、海下矿产勘察时，运动和作业均极其费力，严重降低了潜水员的水下工作效率。吴新宇团队针对潜水的需求，准备研制潜水式水下作业助力外骨骼机器人。"我们缺乏水下机器人密封、通信、控制经验，准备联合精密工程研究中心何凯领导的仿生机器鱼团队，充分借鉴他们在海洋机器人研究方面的经验，通过陆上外骨骼关键技术与水下机器人技术的交叉融合，使外骨骼顺利下海，为潜水员助力。"吴新宇在先进院平台上积极开展跨界融合创新，未来成果可期。

5. 引领机器人产业大发展

先进院不仅在机器人关键技术上布局早、成果多，而且对整个机器人产业发挥了引领和汇聚的重要作用。早在 2014 年，先进院牵头成立了我国第一个机器人产业协会，2020 年又成为新一代信息通信产业集群机器人领域的总促进机构。

深圳市机器人协会连续 8 年组织撰写《深圳市机器人产业发展白皮书》，承担工信部成果转化中心平台建设工作。协会连续 13 年在高交会上举办机器人专展，连续 7 年在中国电子信息博览会期间同期主办"深圳国际机器人与智能系统博览会"，全方位地展示最新的机器人工艺、研发成果及应用趋势，累计吸引专业观众 60 余万人。由深圳市机器人协会承办的"深圳国际机器人与智能系统院士论坛"，以机器人技术为媒介，搭建一个机器人智能系统的产、学、研、资、用平台，强有力地推动了粤港澳大湾区机器人产业的发展壮大。

毕亚雷在2016年深圳国际机器人和智能系统院士论坛发表讲话

先进院产业发展处处长毕亚雷兼任深圳市机器人产业协会秘书长。他介绍，深圳的首个机器人产业规划是在 2014 年 12 月出台的，深圳市科创委发布了《深圳市机器人、可穿戴设备和智能装备产业发展规划（2014—2020 年）》和《深圳市机器人、可穿戴设备和智能装备产业发展政策》，为深圳市服务国家创新驱动发展战略赢得先机，市财政每年安排 5 亿元支持机器人产业的发展，努力将深圳建设成国际化的机器人产业基地。该举措为机器人产业持续、快速、健康发展提供了强有力的政策保障。2018 年和 2019 年陆续发布了对新兴产业的资金扶持政策和新一代智能发展的行动计划。2022 年 6 月，深圳出台"20+8"产业新政，明确提出要发展壮大智能机器人产业集群。此举将有利于产业竞争力整体提升，为深圳市机器人产业发展带来前所未有的机遇。

目前，深圳市智能机器人研究院、机器人与智能制造研究院、工业 4.0 研究院等重大创新平台已经建成，深圳市智能服务机器人产业园、坪山机器人产业园、深圳宝龙机器人产业基地等重点机器人相关项目建设加速推进。深圳机器人产业链条建设基本完备，基础技术实力充足，在自动化控制器、无人化设备等领域具有一定优势，并且培育壮大了一大批优秀的本土机器人企业。《深圳市机器人产业发展白皮书（2022 年）》显示，2022 年深圳市机器人产业总产值为 1644 亿元，相比 2021 年深圳市机器人产业总产值 1582 亿元，同比增长 3.9%，增速略高于深圳市高技术制造业增加值增速，其中，工业机器人产业总产值为 1033 亿元，占机器人产业总产值的 62.83%。深圳市机器人产业企业总数达到 1018 家，较 2021 年的 945 家同比增长 7.68%，深圳市机器人产业企业数量持续保持较高位增长。从区域分布上看，主要集中在南山区和宝安区。

在机器人产业蓬勃发展的今天，先进院充分发挥"国家队"的作用，努力研发和掌握机器人产业关键核心技术，支撑国内机器人产业稳健快速发展，争取在全球机器人产业竞争中点亮"中国智造"的品牌。

瞄准肿瘤研发原创新药

医药产业是国民经济的重要组成部分，与我们每个人的生命健康及生活质量都密切相关。近年来，国家对生物技术创新和生物产业发展也加大了支持力度，我国的生物制药产业得到蓬勃发展。

恶性肿瘤是严重威胁人类健康的主要问题之一，各类新兴的技术也最先应用于该领域。先进院在肿瘤创新药物研制方面超前布局，多支研究团队从不同的技术路径研发原创新药，包括万晓春研究员牵头的 CAR-T 细胞治疗实体瘤，刘陈立研究员主导的肿瘤细菌疗法，以及蔡林涛研究员领衔的纳米光学诊疗技术，有的产品已处于临床前准备阶段。

1. 瞄准实体瘤做创新性研究

2011 年，万晓春从美国回国，加盟先进院，组建了抗体药物研究中心。回国前，万晓春在国外科研单位和大型制药公司长期从事治疗型抗体药物的研发和自身免疫性疾病的研究。

来先进院后，万晓春把主要精力投入到肿瘤新药的研制工作中。2019 年，他承担的"设计构建靶向实体瘤的新一代免疫细胞"入选科技部重点研发计划，瞄准实体瘤治疗这个国际性的难题。他表示，我国的细胞治疗水平与世界水平比较接近，国家需要更多的创新型人才和引领前沿的细胞治疗技术，因此针对实体肿瘤开展免疫细胞治疗的研究工作具有非常重要的导向性和前瞻性。

CAR-T 治疗实体瘤面临的困难主要有肿瘤异质性、极为复杂的实体瘤微环境、T 细胞在实体瘤微环境中容易发生耗竭。针对这些难题，国内外众多科研人员在抗原靶点、实体瘤浸润性等方面进行了尝试，但在临床应用方面仍未取得实质性进展。虽然我国注册的 CAR-T 临床研究数量已经赶超美国，但真正意义的源头创新比例偏低，许多原创性的技术与成果的知识产权都不在我们手中，未来必定会制约我国在该技术领域的发展。因此，研究改善 CAR-T 治疗实体瘤的疗效以及探索针对实体瘤的 CAR 设计是当前我国在该领域研究的重中之重。

经过两年多的研究，万晓春团队已经初步建成一个覆盖 16 种实体瘤的候选抗原库，并制备了十多个针对实体瘤的单靶点、双靶点 CAR；建立并逐步完善多靶点 CAR-T 细胞设计与功能验证、肿瘤微环境拮抗因子和耗竭相关增强子的高通量筛选的平台，已经获得一些重要进展。

在产业化过程中，一批优秀的年轻人才得到锻炼，快速成长起来，陈倩就是其中一名典型代表。"陈倩博士目前正负责细胞治疗产业化的工作，而我国最需要的就是这类具有企业家精神的开拓性科研人才。"万晓春如此称赞道。

陈倩于 2013 年 8 月来到深圳先进院，从研究助理开始做起并参与中科艾深①的部分研究工作，负责 AS1501 新药的临床前药效学研究。在 AS1501 获得新药临床研究审核的批件后，陈倩开始专注于 CAR-T 细胞药物的开发和生产，建立了包括质粒生产、病毒生产、免疫细胞生产以及质量控制的全流程生产检测体系，生产能力和产品质量达到行业先进水平，已领导完成了多个新靶点 CAR-T 细胞的制备和多个免疫细胞产品的开发，科研临床疗效显著。

陈倩博士透露："我有在上海药明康德公司做新药开发的经历，先进院的平台很开放和包容，不仅可以扎实地做新药的基础研究，还可以进行新药的产业化开发。依托先进院一流的科研技术平台和专家团队，我们计划尽快申请 CAR-T 细胞治疗实体瘤的临床批件，争取早日把最新科研成果产业化，造福病人。"

2. 探索抗肿瘤细菌新疗法

"以患者为中心，以临床价值为导向"是肿瘤药物研发的根本。随着

---

① 深圳先进院依托万晓春抗体中心团队孵化了深圳市中科艾深医药有限公司（以下简称"中科艾深"），研发出一款名为 AS1501 的原创大分子新药。

科学研究的不断深入，肿瘤的治疗方式已从传统放、化疗等"无区别杀伤"疗法发展到"有辨别能力"的靶向疗法，有效提升治疗的准确性，减少毒副作用的产生。然而，针对恶性实体瘤，特别是复发和转移的癌症，目前仍缺乏有效的治疗手段，存在癌症患者存活期短、治疗痛苦、医疗费用高昂等问题，新兴的基因治疗、免疫治疗等疗法作用有限。寻找新的实体瘤治疗方法不仅是重大的科学问题，更具有巨大的社会价值和经济价值。

早在 150 年前，以灭活细菌制剂"Coley's Toxins"为代表的肿瘤细菌疗法就已经应用于临床，但不可控的细菌毒力和过激的免疫反应使治疗具有风险。近年来，合成生物学的兴起为深度优化肿瘤细菌疗法带来了新的契机，设计合成基因线路可赋予底盘细菌更多样化的诊疗能力。利用合成生物学手段，将细菌整编成微型"制导武器"，使细菌具有自推进能力、环境信号响应能力、特异肿瘤靶向能力和选择性毒素释放能力。因此，合成生物学理性设计的抗瘤菌可以弥补天然菌株和基因工程菌株的缺陷。

刘陈立带领团队致力于定量合成生物学研究，基于"定量解析、合成重构"的研究思路，聚焦复杂生物系统的形成过程、合成生物系统的理性设计等重要科学问题开展工作。其中，基于细菌生长定植规律，打通细菌与实体瘤微环境，开发抗肿瘤细菌新疗法是刘陈立实验室的重点工作之一。

团队专注于在实体瘤靶向治疗领域进行创新药物研发，针对现有实体瘤治疗的痛点，开发并生产的活体细菌药物具有广谱（多肿瘤类型适用）、靶向（特异性诱导肿瘤内免疫反应）、非介入（静脉注射）等特点，主要适应证包括但不限于膀胱癌、肝癌、结直肠癌、黑色素瘤等疾病，旨在延长肿瘤病人的生存时间以及提高肿瘤病人的生存质量。

值得关注的是，该项目得到了科技部、中国科学院、广东省自然基金委员会、深圳市发展和改革委员会等多部门的科研资助。相关溶瘤细菌产品已处于临床前的准备阶段，有望成为国内首个获批的应用于肿瘤治疗的活菌药物。

3. 肿瘤纳米治疗技术让肿瘤 "见光死"

现在针对癌症的治疗，绝大多数采用手术、化疗、放疗的方式，或多或少会伤害到正常细胞，对器官产生毒副作用。虽然我们在癌症诊断及治疗领域取得了多方面的进展，但是在高灵敏度、实时有效的治疗监测，高特异性的癌症靶向、可视化治疗等诸多方面，仍面临巨大的挑战，是肿瘤难以攻克的重要原因。那么，能否采用一种物理、无创的手段，达到治疗恶性肿瘤的效果呢？

深圳先进院纳米中心蔡林涛研究员团队最新研发的肿瘤纳米诊疗技术，有望在癌症治疗领域实现这一目标。2021 年 7 月，蔡林涛受邀在 "格致论道" 讲坛发表了精彩的讲演，他用通俗易懂的语言介绍了用纳米光学诊疗技术让肿瘤 "见光死" 的诊疗过程。

所谓 "纳米诊疗一体化"，就是结合高效集约化的激光诊疗一体概念和纳米光敏药物的优势，将肿瘤的成像诊断和精准治疗功能整合到一个简单的纳米微胶囊中，为肿瘤的精确诊断和光热、光动力、光免疫治疗提供新材料、新技术和新方法。

蔡林涛说："简单地说，就是纳米光敏剂可以高度富集到肿瘤位置，并用近红外光激发光敏药物，实时成像监控评价治疗效果，只要一次给药即可实现肿瘤的定位检测和治疗，同时可以降低对正常组织的毒副作用，是一种高效集约化的治疗手段。这个方法不仅能将纳米药物的富集度提升数十倍，大大提高癌症的治疗效果，而且纳米光敏剂本身也可以通过光热和光动力治疗直接产生热消融作用，杀灭癌细胞。那为什么能做热消融？我们可以看到，肿瘤细胞和正常细胞是完全不一样的。肿瘤细胞不耐热，它在 42 摄氏度左右就开始失去功能，超过这个临界温度。整个肿瘤细胞会死亡，就达到了让肿瘤细胞'见光死'的目的。而正常细胞可以在 45 摄氏度或者更高的温度下耐受更长时间。"

蔡林涛研究组的"纳米光学诊疗技术"目前进行到产业化中试阶段，还需要一段时间就会进入规模化生产和临床试验阶段。

据悉，这项成果是深港生物材料联合实验室的众多科研成果之一，该实验室在 2018 年中科院与香港地区 22 个联合实验室的评估中获评"优秀"。作为该联合实验室中国科学院方面的负责人，蔡林涛主张围绕生物材料与纳米材料前沿深入研究，打造骨科生物材料、纳米生物材料、生物医用材料的研究和产业化平台。

蔡林涛介绍："纳米光学诊疗技术具有靶向性、可视化、低成本等诸多优点，提高了诊治效率。比如脑胶质瘤、浅表肿瘤和结直肠肿瘤等，通过这种技术可以更快、更好地治疗。这种技术就是典型的 IT 和 BT 的融合创新，采用物理的光热疗法，通过纳米精准递送和激光引爆达到生物学和医学上对肿瘤消融的作用，同时有效防止肿瘤的复发和转移。这种模式在肿瘤治疗中是很新颖的，而且具有颠覆性的意义。"

为了将该技术尽快产业化，需要实现纳米药物和激光器械的联动开发。如今，蔡林涛团队已经在珠海先进院开展纳米光敏制剂的产业制造，同时，与雷曼公司合作研发光学治疗设备，尽快让纳米诊疗一体化设备实现临床应用，给肿瘤患者带来福音。

4. 微纳生物机器人实现主动靶向的癌症治疗

2021 年秋天，蔡林涛团队在微纳生物机器人治疗肿瘤研究中取得突破性进展，他们设计了一种由序贯磁驱动和光触发的 AI 微纳机器人，并将其应用于实现主动靶向的癌症治疗。

微纳生物机器人是微纳尺度的类生命机器人，具有自动化和智能化等机器人属性。它能够到达现有医疗器械难以企及的微观区域，有望实现疾病的精准诊疗。但是，如何采用磁、光、声等外场操纵机器人穿越复杂的生物屏障，实现疾病的精准治疗，是当前微纳生物机器人研究的前沿课题。

蔡林涛团队选用源于海洋的趋磁细菌作为模板，利用迈克尔加成反应将纳米光敏剂负载到细菌表面，构建了智能微纳生物机器人，通过磁、光序贯操控，在小鼠体内实现了磁控导航、肿瘤穿透和光热消融。研究结果表明，微纳生物机器人在磁场操控下，实现了微米尺度的单一或群体精准迁移控制。微纳生物机器人利用磁性和缺氧集成靶向特征，通过远程近红外激光产生局部高温，实现了肿瘤的可视化精准治疗。

可以简单地理解为，在肿瘤患者体内植入的 AI 微纳生物机器人可以自动游向肿瘤病灶，并将肿瘤消除，随后微纳机器人本身可以被人体吸收，不会对健康造成任何损害。

要知道，纳米机器人在人体内的自主可控运动，一直是一个难题。毕竟纳米机器人太小了，相当于人类头发丝粗细的几十分之一，进入人体之后难以定位。如果进入血管，被血液等裹挟和冲击，往往会失去控制，乃至消失得无影无踪。而蔡林涛团队研发的最新技术，可以让纳米机器人进入人体深层组织后，仍然被盯得紧紧的、管得严严的，人类可以实时控制它们或给病变的细胞送药，或对癌变的细胞进行微创手术。

毫不夸张地说，这是一项潜在的颠覆性技术，纳米机器人将会带来一场医学革命，并彻底改变人类的生命质量和生活方式。

蔡林涛描述着微纳生物机器人的未来："如果你生病了，只要把微纳生物机器人放入血管，一旦发现病灶就立即锁定，确认后释放所携带的药物，不知不觉地清除了病灶。精准治疗之后还会自己崩解，被排出体外。这并非科幻，学术界乐观估计，未来几十年内就可以梦想成真。"

未来，科学家大量创造这种纳米机器人，让它们自动且不间断地在身体内巡逻，寻找各种疾病信号，让诊断更为及时和精确。譬如为了防止发生心脑血管疾病，让人类摆脱脑卒中的威胁，纳米机器人可在血管里 24 小时巡视，随时清除脱落的斑块和血液中的毒素。

针对人类最害怕面对的衰老问题，比如，失去活性的细胞、组织和肌肉群不断退化，纳米机器人和活细胞药物可以依照既定的程序对这些目标进行修复、替换和调整，大大延缓人类衰老的速度。肿瘤、疾病、衰老等困扰人类数千年的问题，有望在日益发达的纳米科技面前迎刃而解。

智慧城市的"幕后英雄"

随着信息和通信技术的快速发展和广泛应用，智慧城市已经成为全球发达城市应对人口、环境、资源和管理等挑战的一种创新方案。尤其在应对自然灾害、公共卫生事件和社会治安等突发事件的过程中，智慧城市已经成为应急处置的一种有效手段。

智慧城市建设就是运用数字技术，以精细化和智能化的方式，及时、动态地服务和管理城市的生活与生产。当前，中国智慧城市建设正呈现快速发展的态势，各类智慧城市应用已经取得了显著成效，如在线挂号、扫码乘车、智能停车等，极大地方便了百姓的生活。

深圳先进院在大数据技术研发和积累方面走在全国前列，智慧城市技术的最新应用成果也频频见诸媒体。让我们揭开智慧城市的神秘面纱，一探"黑科技"的幕后故事。

1. "天枢"助力抗疫和科技强警

2022年3月28日，某市一名返回人员确诊感染新冠病毒，其轨迹主要为乘坐公共交通工具。该市公安局公共交通分局立即通过北斗智能"天枢"智慧安全立体防控平台（以下简称"天枢平台"）中的车辆轨迹分析模块，迅速锁定公交车的车牌号码，再通过天枢平台的票卡分析模块快速准确地锁定所有密接者和次密接者，上报给市疫情防控部门相关人员，第一时间对密接者进行隔离，第一时间阻断了该传播链。

这只是天枢平台应用的一个缩影。如今，天枢平台在深圳、广州、无锡、宁波、苏州、昆明、济南、南通等城市正式上线运营，还在北京、青岛、东莞、杭州、长沙、石家庄、哈尔滨、南宁、太原、武汉等城市试点运营。截至 2022 年，天枢平台协助警方在各地抓捕 3000 余人，找回走失儿童与老人 200 余人。

北斗智能研发的天枢平台在第十二届深创赛行业决赛中荣获互联网和移动互联网企业组一等奖。该平台在国内细分领域市场占有率排名第一，利用大数据技术分析，有效地实现了城市公共交通的安全管理。

北斗智能董事长张帆是从深圳先进院走出去的创业者。他介绍，地铁与公交巴士上客流量大，有效防范犯罪行为发生是交通系统的一项重要任务。过去，只能依赖摄像头与对讲机等传统手段实施对公共交通的治安管理；现在，大数据和人工智能技术迅猛发展，为"向科技要警力"提供极佳机会，天枢平台就是北斗智能针对"科技强警"研制的一款拳头产品。作为全国首例公共交通智能安防平台，通过深化大数据、人工智能、物联网等前沿科技创新应用，搭建客流引擎、轨迹引擎、公共交通多维时空档案，构建公共交通安全管控决策引擎为核心的智慧安全立体防控平台，建成集指挥调度、情报研判、立体防控、警务管理等为一体的安全管理闭环，实现"情、指、勤、行"的一体化融合，让公共交通更安全。

据了解，深圳先进院在 2014 年成立深圳北斗应用技术研究院有限公司（以下简称"北斗院"），专注于智慧交通和智慧城市的技术研发和推广，张帆被任命为北斗院院长。2017 年，深圳市北斗智能科技有限公司宣告成立。2018 年，北斗智能启动 Pre-A 轮融资，获得沩疆资本、英诺天使基金投资。2020 年，北斗智能转型加速，先后获红杉资本投资，英诺资本跟投，完成 A 轮融资。2022 年 3 月，北斗智能获广东粤财基金 A+ 轮投资，自此北斗智能已经完成数亿元融资，助推北斗智能发展驶入"快车道"。

2. 大数据赋能未来交通管理

北斗智能创始团队来自深圳先进院，先进院为这群年轻人提供了创业的机会与施展才华的空间。如今，北斗智能通过转型升级，在全国智慧交通的服务商队伍里迅速崛起，成为一颗耀眼的新星。

随着研发的不断深入，张帆将业务视角延伸至大城市大数据的融合上，团队牵头申报并获批国家重大科技项目——"城市大数据三元空间协同计算理论与方法"之"基于人机融合的群智认知理论与方法"与"智能城市服务平台与应用验证"的产业化应用研究。

近年来，我国城镇化率由 2000 年的 36.2% 提高至 2020 年的 60.6%，城镇常住人口由 4.6 亿人增至 8.5 亿人。北京、上海、深圳等城市机动车保有量均超过 300 万，全国民用汽车保有量从 1609 万辆增至 26150 万辆。我国超大城市的空间规模、产业结构、人口教育水平、交通基础设施水平等大幅提升，也面临一系列共性问题与挑战，如资源短缺、环境污染加重等。由于交通供需不平衡造成城市道路拥挤，人口激增造成城市大客流紧急事件频发，迫使城市从自身探寻化解各类交通问题的途径。

京津冀、长三角、粤港澳等区域的布局先后上升为国家战略，《京津冀协同发展规划纲要》《长江三角洲区域一体化发展规划纲要》《粤港澳大湾区发展规划纲要》中多次强调，城市群综合交通规划是可持续综合交通体系构建的重要依据。在国家层面上，亟须推动交通网络与结构的全面优化，实现多种交通方式的一体化衔接和多区域的融合发展。为此，中共中央、国务院印发了《国家综合立体交通网规划纲要》，对强化一体化出行和提升交通整体面貌提出新目标。然而，城市交通系统是一个包含经济属性、地理属性、社会属性等多重特征的综合系统，涉及的数据庞大、类型众多、关联复杂，具有开放性、不均衡性、不稳定性、不确定性和不可逆性。如果对交通数据资源挖掘的深度不够，会导致数据间形成的关联性较弱，无法对综合交通的特征进行全面精确的把握。

张帆带领团队取得了阶段性成果。他说："随着新一代信息技术全面突破、人工智能技术逐步发展，未来交通发展格局会逐步明朗。在未来的交通管理中，面对特大型城市交通系统的突变性和不确定性，需增加对多元数据感知能力的建设，逐渐朝自感知、自认知、自修复、自学习的智慧化交通系统方向演化。"

北斗院与深圳巴士集团股份有限公司（以下简称"巴士集团"）深入合作，实现了多个智慧交通的创新应用。2021 年 11 月，深圳市在公共交通服务场景发布了"数据资产凭证（公交车位置信息）"。由北斗院发出数据需求，巴士集团作为数据提供方。在此场景下，巴士集团提供 5966 辆公交车的北斗实时数据，并基于面向交通场景的大数据决策引擎，进行数据加工与处理，对外提供数据服务及授权，科学利用并安全开放公共交通数据，在出行服务、规划设计、科学研究等方面探索应用价值。

北斗院首先对原始数据进行数据质量评估与数据安全保障，为新型交通服务企业和相关高校、科研机构提供出行信息、地图导航等服务，辅助提升城市智慧管理水平和智慧服务水平。

3. 用大数据精准防控

入选 2020 年广东"最美科技工作者"的尹凌，是先进院数字所的一名副研究员，她带领团队基于海量轨迹数据进行城市人群动态的分析与应用研究，与深圳市疾控中心长期合作，持续开展深圳市登革热、流感扩散模拟与精准防控研究，为深圳市相关疾病的防控提供了前沿的技术支持。

2020 年 1 月，由于广东省新冠疫情具有显著的输入性特征，为了及时提供"广东省各地市输入人口分析报告"，尹凌团队紧急与互联网企业和运营商沟通合作，结合武汉疫情与多源位置大数据，于 1 月 23 日提供了全省各地市的输入性风险地图。由于疫情变化迅速，团队在春节期间开展高强度工作，连续向各级疾控部门汇报基于多源大数据的输入性人口与疫情风险分析结果。

　　疫情防控期间，在深圳先进院的大力支持下，尹凌团队联合先进院李烨团队及时调整分析手段与攻关重点，全力攻关。

数字所所长李烨

　　先进院数字所所长李烨介绍，大数据技术在疫情防控的各阶段都做出了重要的贡献。2020年初，由于对新冠病毒的特点认知有限，做好本地疫情预测是当时广东省和深圳市疾控中心的需求，深圳先进院前期的"863计划"项目通过城市数据构建了流感的传播预测模型，该成果结合百度迁徙地图和手机的移动信息构建了一个全新的模型，预测广东未来三天的发病情况，准确率相当高。

　　疫情防控工作逐渐平稳后，数字所开展人工智能技术对疑似患者CT

影像的辅助诊断，愈后患者的健康管理、后遗症研究等服务性工作。

4. 数字孪生城市催生多种应用需求

"如果城市的某个地方发生了有害气体泄漏，这些污染物是如何在城市里扩散的？能否用计算机软件快速精准地模拟扩散的路径？"国防科技大学相关机构提出这个需求的时候，先进院数字所陈荣亮副研究员很高兴地接受挑战。

在此之前，他承担的"城区多维度空气污染扩散数值模拟系统研发"项目，获得深圳市基础研究学科布局项目支持，对空气污染物扩散路径进行模拟预测。因为随着城市人口和工业活动的增加，城市建筑物向高层化、密集化方向发展，最直接的影响便是城市风速的降低，空气停滞形成的空气穹隆促使近地逆温层形成，各种污染源排放的污染物加剧城市的污染，形成高浓度的大气污染。

2020年，他开始承担国防科技大学重点科研外协项目——"城市污染物大规模数值模拟应用开发"，并在国防科技大学研发的新一代天河超级计算机上进行了大规模测试，最后使用 1.55 亿个核心处理器实现了对整个深圳市 15 万栋建筑物信息风环境的超高分辨率的全三维模拟计算（计算网格尺寸为 1 米），未知量个数超过一万亿，是目前世界上该领域最大、最精细的计算。

陈荣亮说："相关的理论与算法研究已有多年，只是由于受到计算资源和算法的限制，精细化以及高时效性的数值预警一直未能得到广泛的应用。此次，我们将城区污染数值模拟的分辨率提高至米量级，并充分结合国产超级计算机体系结构特点，发展高扩展性并行算法以解决该级别分辨率计算带来的巨大计算量的问题，以便快速预报城市风环境和污染物浓度动态变化趋势。"

智慧城市有关专家指出，未来，需要我们从技术"面子"转向民生"里子"，让市民真正感受到科技支撑之下城市生活的安全和温暖。因此，我们要积极寻找和不断丰富以民为本、成效导向、协同创新的新型智慧城市发展模式，提升人民群众的科技获得感。陈荣亮的研究成果，为智慧城市的未来发展提供了一种更安全的选择，随着数字孪生技术的发展，多维度模拟空气污染扩散与输运数值可以为政府部门提供多种有价值的参考信息，合理规划建筑物的密度和高度以利于空气污染物、城市内部热量和废弃物疏散，在为城区保留绿色空间和生态格局的前提下优化城市布局。除此之外，还可对城市突发性污染及危险事件进行分析及预警，为城市规划部门决策提供依据。

元宇宙带来的新商机

数字化转型一直是国内重点推进的决策之一，"元宇宙"概念恰恰与数字化转型高度重合。从 2021 年开始，无论是国家层面还是各地方政府，针对元宇宙相关产业的政策设计已经有序推进。

彭博行业研究报告预计，元宇宙将在 2024 年达到 8000 亿美元市场规模；普华永道预测，元宇宙市场规模将在 2030 年达到 1.5 万亿美元。这意味着，元宇宙是一个想象空间很大的市场，竞逐元宇宙赛道能为城市数字经济发展带来很大的想象空间。

深圳成立了元宇宙创新实验室，目前已经成功对接海内外超过 26 个国家的用户和技术团队，涵盖人工智能、5G、区块链、金融、版权等协会、机构成员，打造科技基础、金融助力、产业落地的综合性服务平台。先进院研究团队针对火爆的元宇宙，提前布局了微显示技术和 4D 技术等，期待在元宇宙大爆发之时博得头筹。

1. 元宇宙推动微显示的腾飞

2021年，面对元宇宙席卷全球的浪潮，光子信息与能源材料研究中心开辟了全量子点微显示器的技术方向，助力微显示技术的腾飞。

"随着元宇宙的兴起和发展，能和眼镜结合的微显示芯片将会有巨大需求，该芯片在军事、医疗等领域具有广阔应用前景。我们主要是制备全无机量子点发光二极管器件（QD-LED），它是一种高分辨、低成本、长寿命硅基微显示芯片。"杨春雷介绍，"主要研究内容包括三方面：一是通过宽带隙p型铜基硫化物量子点的价带调控机制提升器件电致发光效率；二是全无机材料器件结构设计与层间势垒优化提升LED使用寿命；三是LED自发光像素与硅基芯片的单片集成高精度喷墨打印技术。该项目的实施将有助于提升国产高性能微显示芯片的核心竞争力。"

诚然，开辟全量子点微显示器的技术方向并不是单纯为了追逐风口，而是源于杨春雷团队多年来在设计和制备p型无机量子点材料上的积累。该材料可以大幅提升蓝色发光二极管空穴的注入效率，使发光器件的亮度和寿命都有了大的飞跃。由于该无机量子点具有很好的稳定性，所以基于该材料的发光显示器件的寿命比目前国际上最好的有机空穴注入层材料提高了50%以上。针对量子点显示的产业应用，光子信息与能源材料研究中心与显示行业的龙头企业华星光电建立了联合实验室，共同推动量子点显示的产业化。

2. 瞄准元宇宙，布局未来4D技术

机器视觉被认为是"人工智能终端的眼睛"。先进院集成所研究员宋展的专业就是机器视觉技术，他领衔的机器视觉研究中心吸引了来自英国瓦特大学光学工程专业赵娟博士和西安交通大学机械工程及自动化专业谷飞飞博士等一批优秀人才的加盟。

过去，宋展团队将机器视觉技术成功运用到智能制造、医疗美容、消费电子领域，他们已经从 3D 往 4D 技术超前布局，采用多视角同步实时三维成像技术生成高精度动态人体 3D 数据，可以将人的动作实时数字化，支持全息视频会议等元宇宙的场景应用。

宋展介绍道："4D 技术可以对周围环境实时高精度感知，这对于智能机器人的要求更高，拥有高精度感知的机器人距离我们的生活就不远了。而且，虚拟偶像、虚拟分身的市场潜力非常大，比如虚拟社交构建元宇宙支撑框架，虚拟分身成为元宇宙入口。为了增强用户的沉浸式体验，虚拟社交平台通过打造用户自己的虚拟形象进行社交互动，将人与人更轻松地连接起来，社交平台的拓展和深化铸造了元宇宙的支撑框架，元宇宙最终实现多个个体在虚拟世界的交互，在聚合用户的过程中，社交平台起到了关键作用。又如，为了打造 AR 平行世界，需要通过自研硬件设备扫描室内外空间，建立三维高精地图，并通过摄像头实现高精度定位，添加 AR 导航、AR 信息叠加、AR 虚拟客服等元素。为了在元宇宙的各种应用场景中抢得更多先机，先进院机器视觉研究中心已经在布局 4D 技术了。"

最令人称奇的是，随着元宇宙概念持续火爆，产业巨头蜂拥入元宇宙产业链，高端科技人才特别抢手，先进院机器视觉研究中心培养的硕士和博士生都成为产业界炙手可热的人才。

面对元宇宙的风口，宋展博士却异常冷静。他认为元宇宙产业才刚刚起步，相关企业会源源不断地需要机器视觉方面的人才，因此，先进院机器视觉研究中心从 2020 年就开始与奥比中光等行业龙头企业联合培养博士后，为企业输送专业人才。奥比中光构建了"全栈式技术研发能力 + 全领域技术路线布局"的 3D 视觉感知技术体系，量产我国首个有自主知识产权的消费级 3D 传感器，技术能填补多项国内空白。宋展透露，他的团队通过与行业龙头企业合作，可以从市场的角度了解企业对机器视觉最新技术的需求方向，这让机器视觉研究中心下一步工作具备产业需求的牵引。

没有十年板凳冷，哪来大国工匠心？人工智能终端需要一双敏锐、精准的机器之眼，而这样的机器之眼一定出自具有匠心的科学家之手。宋展研究员微笑、淡定的眼神里，流露出来的恰恰是令人心安的沉稳和坚毅。

引领人工智能产业发展

互联网数据中心2022年6月发布的行业报告显示，2021年我国人工智能软件及应用市场规模达约330.3亿元，相比2020年涨幅为43.1%，人工智能产业获得了快速的发展。

先进院一直紧跟前沿科技，在人工智能领域早有布局，包括人机接口、AI传感器电子皮肤技术等应用，还在司法领域实现了人工智能技术的应用落地。

1. AI传感器电子皮肤前景喜人

AI传感器电子皮肤是先进院刘志远研究员面向工业界所做的应用技术研究。随着全球服务业机器人产业的高速发展，传统机器人已无法满足市场的需求，具有触觉感知皮肤、自适应力的机器人可更好地满足多样化、精细化应用场景的市场需求。

刘志远介绍，虽然机器人产业已有一定的产业规模和应用，但进一步发展却停滞不前，主要原因是部分核心瓶颈尚待突破，其中之一就是机器人的触觉感知系统，它可以帮助机器人处理复杂的环境信息，完成各项非结构化的操作任务。国务院印发的《中国制造2025》重点领域技术创新路线图中，就将六维力/力矩传感器、触觉传感器及相关技术列入机器人领域的关键零部件和关键共性技术。此外，随着应用需求的提升，触觉系统对柔性化的需求也越来越迫切，传统刚性结构的传感器已无法适应机器触觉领域。

目前，机器人触觉系统采用的商用柔性力学传感器基本依赖国外进口，这些柔性力学传感器虽然价格昂贵，但无法实现多维力检测。因此，多维力检测可能成为未来机器人触觉领域一项"卡脖子"的关键技术。

柔性力学传感器一般是通过外力作用引起电容、电阻等电学信号的变化来检测一维力（拉力或压力），剪切力和正压力会同时造成传感器的形变，使产生的信号相互干扰，难以解耦。总体分析，柔性多维力的检测分析依然面临解耦过程复杂、解耦易受干扰、解耦精度不高等问题。随着图像处理技术的发展，将多维力转化为图像信号并把深度学习作为一种新兴的人工智能技术广泛地应用于图像处理，效果远远超过先前的相关技术。基于深度学习的柔性多维力触觉传感器发展速度较快，国外多家科技公司已处于产品转化阶段，以 Facebook 为例，其原型产品 Digit 已于 2021 年开始小批量发售，用于收集用户数据以改进产品。

刘志远团队研制的 AI 传感器电子皮肤技术对比国际同行产品具有突出创新点，根据不同场景需求，开发了 SolarisTM 系列、SortaTM 系列、Sylgard 184、混合体系等弹性主体的柔性探头，能够用于不同测量范围、不同测量精度传感器的制备，具有成本低、体积小、多模态集成的诸多优势。

"AI 传感器电子皮肤作为实现机器人触觉功能的核心零部件，是国家重点发展的方向，重点产品包括服务机器人中的护理机器人、手术机器人、家庭陪伴机器人、高端按摩机器人，以及与智能加工相关的工业机器人。"刘志远对 AI 传感器电子皮肤的应用前景充满期待，"除此之外，AI 传感器电子皮肤可用于人机交互领域，目前热门的元宇宙行业里，AI 传感器电子皮肤作为'现实－虚拟'交互设备的重要部件，也具有巨大应用前景。"

2. 柔性人机接口可实现人机融合

2021 年，刘志远参与了国家重点研发计划"工程科学与综合交叉"重点专项"面向运动和感觉功能障碍的神经肌肉接口及功能康复的重大基础问题研究",主持其子课题"多模态电生理与血液微循环信息的高分辨同步监测与实时解析"。

刘志远深入浅出地解释:"神经肌肉为什么会生病?要弄清楚这个问题,就需要对神经肌电信号进行实时的监测和解析。与柔软的人体建立集成式实时监测的生理信息传感系统,即柔性人机接口系统,连续地监测人体健康参数,并在适当的时机给予物理干预。这些信息不仅可以用于健康状态的评估,也可用于实现人机融合,如残疾人对假肢、军人对单兵外骨骼的融合式控制。所以,新一代柔性人机接口系统不仅对民生产业有重要的提升,对国防事业也有不可忽视的重要赋能。"

通过跨界融合研究,刘志远团队在高性能柔性可拉伸导电薄膜制备、柔性器件制备、神经肌肉电生理信息检测等方面取得了一系列成果,并研制了多个神经肌肉电信息检测平台,包括肌电采集平台和脑电采集平台,成功检测到实验动物的皮下肌电信号,并实现8个月以上的长期植入连续生理电信号监测。

柔性人机接口技术是信息与商务技术的前沿应用,可以带动相关产业发展,包括新型医疗器械、康复监测设备及新型控制接口等。尤其是随着老龄化社会的到来,考虑到我国有2.7亿慢性病患者和1亿多慢性疼痛症患者,国内康复市场需求将会十分巨大。刘志远说:"我们不能有丝毫犹豫,必须全力开展人机融合研究,柔性人机接口是探测人体信息的前端核心基础元件。"

3. 率先探索人工智能在司法领域的应用

2019年6月,先进院数字所杨敏团队与深圳市得理科技有限公司创办了"中国科学院深圳先进院得理法律人工智能联合实验室",整合人工智能行业和法律行业专家的智慧,将自然语言处理和推荐系统的核心算法应用到司法领域，开发案件判决预测、案例智能搜索、法律智能问答等系统。

值得关注的是，杨敏团队是国内人工智能与司法领域理论与应用的先行实践者。随着法治社会建设步伐不断加快，民众法律意识逐步提升，基层司法机构与法律从业人员的工作量达到了前所未有的饱和状态。为了有效减少法律人员的事务性工作，普及广大基层群众亟须的法律知识，人工智能与自然语言处理技术的司法应用极具必要性。然而，两者的结合依然面临着技术困难。

"我们利用自然语言处理技术和深度学习，在人工智能专家和法律专家协作配合的基础上，研发出高效的法律智能数据服务工具，改变传统关键词检索的弊端；利用知识识别、信息检索、知识图谱等先进技术，研发出法律智能问答系统，自动为用户提供答案，颠覆大量的法律信息搜集、筛选和分析工作的传统模式；利用智能推荐技术对律师个人信息及其裁判文书进行分析，构建个性化律师推荐系统，为用户推荐最匹配的律师，打破信息不对称的壁垒。"杨敏团队研发的智能法律问答机器人参与了2021年深圳市新安街道国家宪法日普法宣传活动，获得了大量关注。

在先进院的平台上，杨敏承担着多项国家、省、市的重大科研项目，比如，国家自然科学基金青年科学基金项目"基于深度学习的端到端跨领域个性化任务型对话研究"，还牵手行业龙头企业开展人工智能技术的产学研合作，比如阿里达摩院 AIR 项目"基于表格知识的多表多轮对话系统研究"，CCF－腾讯犀牛鸟基金项目"基于多任务学习和知识图谱的开放与个性化智能聊天系统"。

4. 推动大湾区人工智能产业发展

2019 年 4 月，深圳先进院、北京大学深圳研究生院、深圳市信息行业协会、深圳市机器人协会等 8 家单位及 70 多位活跃在人工智能领域的带头人共同发起成立了深圳市人工智能学会（SAAI），深圳先进院集成所所长李

集成所所长李光林

光林出任该学会的理事长和创会会长。

李光林介绍，深圳市政府非常重视人工智能技术和相关产业的发展，不断加强政策扶持力度、搭建各种资源平台、推进人工智能产业化。为了加强深圳人工智能领域人才的培养、推动人工智能创新理论与技术的发展及落地，并为国内外人工智能领域的高等院校、研究机构、企业组织搭建学术交流、资源对接的平台，深圳市人工智能学会应运而生。

现在，深圳市人工智能学会将华为、腾讯、云天励飞、商汤科技、深圳先进院、南方科技大学、北京大学研究生院、清华大学研究生院、哈工大深圳校区、深圳大学、鹏城实验室等人工智能领域的龙头企业和研究机构紧密联系在一起。该学会发起 2021 年度深圳人工智能奖评审，由 30 位专家组成评审委员会，俞大鹏院士任委员会主任，华为冠名首届深圳人工智能奖评选活动。学会还牵头举办了"中日人工智能产业交流会"等学术交流活动等。

李光林表示："未来，我们希望能够承接各级政府部门的职能转移和专业服务，譬如'人工智能技术领域中高级职称评审'、行业标准制定等，推动粤港澳大湾区人工智能科学与技术的基础理论研究、应用技术研发、人工智能赋能产业和成果转化。"

【案例链接】 国创中心助深圳医疗器械制造业升级

2022年7月29日，国家高性能医疗器械创新生态峰会暨重大项目启动活动（以下简称"峰会"）在深圳市龙华区举办。峰会以"创新引领，产业集聚"为主题，邀请知名院士、产业精英、投资专家开展前沿学术交流、政策研讨、产业合作，共商行业发展前景。此次峰会由深圳市工业和信息化局、深圳市发展和改革委员会、深圳市科技创新委员会、深圳市龙华区人民政府、深圳先进院、国家高性能医疗器械创新中心（以下简称"国创中心"）联合主办。活动通过新华网进行直播，逾千万人次观看。

"国创中心"是由先进院牵头组建、国家工信部于2020年4月批复成立的第17个国家制造业创新中心，也是医疗器械领域唯一的国家级创新中心。谈起国创中心两年间的落地、扎根、壮大，龙华区委书记王卫十分感慨，他表示，龙华区生命健康产业发展迅猛，"国创中心""深圳市转化医学研究院"等各类平台相继落地龙华，龙华围绕医疗器械产业，大力引进重大平台、龙头企业，计划打造世界级高端医疗器械产业高地。此次峰会，无疑迈出了坚实的一步。峰会期间，龙华区"快速体外诊断医疗器械协同创新平台"正式在国创中心挂牌，生命健康产业再次迎来发展"加速度"。

1. 国创中心应运而生

国创中心依托深圳高性能医疗器械国家研究院有限公司，实行企业化运营，股东包括深圳先进院、深圳迈瑞医疗、上海联影医疗、先健科技、哈尔滨工业大学、中国医学装备协会等 11 家科研机构和医疗器械细分领域龙头企业。

国创中心的外景和部分工作场景

国创中心总经理刘新研究员曾是深圳先进院医工所副所长，如今整日忙着招揽全球人才、技术转化服务等经营管理工作。刘新介绍，作为国家高端制造业的重大科技产业创新平台，国创中心采取"公司＋联盟"的市场化模式运行，突破高端医疗器械行业发展的关键技术，打造贯穿创新链、产业链和资金链的创新生态系统。国创中心布局高端医学影像、体外诊断、先进治疗、医用材料与植介入器械、康复与健康信息等领域，着力打通关键技术、基础材料、核心部件、创新产品等环节的研发和产业化链条。

先进院院长樊建平曾在接受媒体采访时表示，国创中心最大的作用是解决中国医疗器械企业的知识产权问题，选择采用"公司＋联盟"的运营模式就是要实现专利在联盟企业中的交易和使用问题。

在国家和深圳市的大力支持下，国创中心成立不到两年时间，就在平台构建、人才集聚、技术攻关、生态建设等方面取得了积极进展。

2.国创中心的两大使命和六项任务

刘新透露，国创中心肩负两大使命，一是技术创新，二是服务企业。建设初期有六大任务：一是体制机制创新，国创中心不仅要完成国家赋予的使命，还要建立和完善自我造血的企业化运营机制，实现长远发展。二是聚集国际一流的人才队伍，目前已形成一支近200人的科研与运营团队，包括30余名海归科学家，同时与国内多领域的优势科研团队建立了联合攻关协同机制。三是精心布局，已在深圳龙华区建成占地2万多平方米的科研与中试场地，搭建价值2亿元的技术创新平台。四是技术创新，解决行业关键共性技术及"卡脖子"问题，已与企业联合承担了一批重大技术攻关项目，在医用芯片、微纳芯片分子诊断、高端医学影像装备、体外膜肺氧合机（ECMO）、新型脑卒中取栓器等方面实现了技术创新与整机突破。五是建设技术创新战略联盟，吸纳聚集了行业细分领域的骨干企业、大学及科研机构、大型三甲医院、行业协会、投资机构等100余家联盟成员单位，引入优质检验检测服务，与国家注册审批机构合作建设有源设备检测基地和绿色通道。六是技术转化服务，设立医疗器械产业基金，建设第三方技术服务平台（合同研发生产组织），目前第一期3亿元产业基金已经投入运作，与国际顶级制造企业联合建设深圳医疗器械精密智能制造平台。

3. 对跨界尖端人才如数家珍

技术创新离不开一流的人才。刘新每个月都要花大量时间面试来自全球顶尖高校的求职者，希望招揽到更多有志投身于中国医疗器械产业创新的尖端科研人才。他对最近两年招来的跨界顶级人才如数家珍：

陈支通，2017年毕业于美国华盛顿大学，获得机械与航空航天专业博士学位，之后在加州大学洛杉矶分校等离子体与推进实验室做博士后，专门从事等离子体医学研究工作。2021年3月，陈支通加入国创中心，很快组织了一支精干的交叉团队，分别从事物理、生物医学、机械设计和电子工程方面的研究，团队目前已获取国内医用材料领域龙头企业2000万元的资金支持，共同开发高通量医用材料消毒技术和设备。陈支通也成立了自己的公司，致力于等离子体治疗器械的研发，并有望在2023年获取第一轮融资。

张红斌，北京科技大学材料物理与化学专业博士，先后于北京大学和加拿大不列颠哥伦比亚大学（UBC）从事博士后研究工作，2018年进入全球知名隐形眼镜公司库博光学研发中心从事材料和技术的研究开发工作。2021年加入国创中心的医用材料与植介入器械中心，与高性能金属材料制备和加工的研究团队共同开展有意义的创新工作。张红斌围绕高性能生物医用材料开展研究，研究方向包括功能性软物质医用材料、抗生物污染新型材料界面，以及药物可控释放技术和器件等。

赫家烨，2013年毕业于英国剑桥大学，先后获得数学学士与天体物理学硕士学位，又在英国华威大学攻读系统生物学硕士学位，最后到德国马克斯普朗克研究所攻读博士学位和做博士后研究，这时他的研究方向变成了生物光学显微研究。他加盟国创中心后，发现国产光学元器件和传感器与国外有不小的差距，而国创中心的一项任务就是要与国内的光学设备生产厂合作，帮助他们克服工艺难点，解决国内科研空白，对此他颇有信心。他说："一定要解决'卡脖子'的问题，只有中国自己的科技力量强大了，才不会受制于人，只有与发达国家形成互相依赖，而不是单方面依存的关系，那时中国才能真正地走在世界前列。"

秦臻，2017年毕业于香港科技大学，取得机械及航空航天工程学博士学位，并继续从事博士后研究工作，专注于针对缺血性脑卒中的神经介入治疗器械的研发，还带领研究团队成员进行青光眼早期诊断设备的研发。他于2021年4月加入国创中心，很快搭建起拥有化学、生物医学工程、电子工程、材料、公共卫生、医学等交叉学科背景的研发和产业化团队，有望快速实现研究成果转化，填补国内在相关开发领域的空白。团队目前已获得深圳市科创委1200万元专项基金支持，用于新型神经血管介入治疗器械的研发和临床应用，并在2022年上半年成功注册第一款产品。

刘新打开手机上的国创中心招聘启事——《"职"等你来》，上面介绍了国创中心的各种优势，也发布了研究员、助理研究员和高级工程师等多个职位的招聘信息。

他说："所有想从海外回国创业的学子都怀抱着产业报国的雄心壮志。不论产业活力还是政策扶持力度，深圳都是最好的，而国创中心是医疗器械领域唯一的国家级创新中心，非常注重产业化应用，因此这是一个非常独特的工作平台，特别适合既想做技术创新又想做产业转化的年轻人。欢迎更多有才华的年轻人加入国创中心，相信你只要不断努力，一定可以实现你的雄心壮志。"

第三章　建成大湾区高端科研人才重地

功以才成，业由才广，人才是发展的第一资源。习近平总书记多次对人才强国作出重要论述，"更好地实施人才强国战略，努力建设一支能够站在世界科技前沿、勇于开拓创新的高素质人才队伍"，鼓励人才把自己的智慧和力量奉献给实现"中国梦"的伟大奋斗。

"创新之道，唯在得人。得人之要，必广其途以储之。"高层次人才的数量和质量决定了科研院所发展的高度和层次。深圳先进院在主管部门的支持下，不忘初心，依托地方政府，加强高层次人才的引进培养，建设本土团队，探索科技前沿，推动产业落地。目前，深圳先进院建成3个基础研究院和中科院首批国家重点实验室，筹建深理工，牵头组建国创中心、合成生物和脑科学2个重大科技基础设施和2个产创中心等113个重要平台载体。

15年来，深圳先进院"全球揽才、人才强院"的发展理念从未改变，把人才的培养放到显著位置，给人才以自由的成长空间，对人才有客观公正的评价、有力的支撑保障也从未改变，才有了今天先进院人才济济、硕果累累的喜人局面。

面向海外招揽一流人才

深圳先进院坚持"人才强院"战略，高标准全球引才，打造国际化高水平人才队伍，已建成一支平均年龄33岁的国际化创新人才队伍，现有海内外院士13人，国家级人才136人次，省市级人才超过1000人次。2020年至2022年连续3年，每年均有人获中国政府友谊奖。

先进院人力资源处处长汪瑞介绍，过去15年先进院人才引进可以分为5个阶段：

第一阶段是2006年至2009年，可称为"备耕试水阶段"。只有一流的人才才能做出一流的科研成果，樊建平深知人才的重要性，于是通过熟识的教授推荐，吸引知名大学的人才前来加盟。当时本想招一位北京大学的教授到先进院工作，没想到被告状到当时中科院院长路甬祥那里。此路不通，樊建平遂动了去海外招揽人才的念头。先进院在筹备初期，人才来源主要依赖国内高校优秀博士毕业生及社会上的科技类人才。于是，跟随中科院招聘团出国招人，让先进院的海外引才之路迈出了第一步。

2010年4月6日，先进院第一次独立组团，远赴美国招聘，开启海外招聘人才新模式

第二阶段是 2010 年到 2012 年底，可谓"春播备耕阶段"。2010 年 4 月，先进院首次独立组团赴海外引智引才，努力克服人生地不熟、招聘渠道缺乏的困难，最大限度协调资源，充分利用留学生群体、海外联络站，广泛宣传、举办宣讲会、参观实验室，不断摸索和积累经验，打通招聘渠道，为进一步开展海外招兵买马工作做好布局。

第三阶段是 2013 年到 2015 年，属于"夏耘荷锄阶段"。到访地域从美洲跨越大西洋，延伸到欧洲、东南亚地区；到访高校从公立的加州大学到"常青藤"联盟，再到日本东京大学、新加坡国立大学；到访科研机构从劳伦斯伯克利国家实验室、橡树岭国家实验室，到艾伦学院、博德研究所，樊建平边招揽英才，边了解前沿科技，不断调整先进院的科研方向。

第四阶段是 2016 年到 2018 年，可谓"秋收增益阶段"。随着国家人才计划支持力度的不断增大，海外人才加速回流，国内不少高校和科研机构也纷纷出国招聘。由于先进院前期与斯坦福、哈佛等世界名校的海外留学生会常年保持良好的合作关系，先进院的海外招聘计划以项目为支撑，引进团队人才成为这个阶段的特色，抢占了人才竞争的制高点。而且，先进院凸显在海外的品牌效应，吸引了不少人才主动咨询并投递简历。

第五阶段是 2019 年至今，是人才引进的"盈车嘉穗阶段"。为了支撑深理工的人才队伍建设，先进院广开进贤之路，广纳天下英才，海外招聘工作成为常态，不仅引入团队，还引入了世界顶尖的教授、院士作为学科领头人，比如引进了瑞士科学院院士霍斯特·亚瑟·梵格团队加盟先进院，引进加拿大皇家科学院王玉田院士出任深理工生命健康学院院长。这个阶段充分体现了先进院"以才引才、事业留人"的特色，创造了人才集聚的新优势。自 2020 年开始，先进院每年都有 1 人获得中国政府友谊奖，至今已有 3 人获此殊荣。其中，深理工药学院讲席教授、深圳先进院医药所计算机辅助药物设计研究中心首席科学家霍斯特·亚瑟·梵格院士获 2020 年度中国政府友谊奖，深理工药学院讲席教授、深圳先进院医药所能量代谢与生殖研究中心首席科学家约翰·罗杰·斯彼克曼院士获 2021 年度中国政府友谊奖，深理工药学院杰出教授、深圳先进院医药所炎症与疫苗研究室首席科学家戴安娜·博拉斯基院士获 2022 年度中国政府友谊奖。

霍斯特·亚瑟·梵格院士　　约翰·罗杰·斯彼克曼院士　　戴安娜·博拉斯基院士

自2020年开始，深圳先进院连续3年3人荣获中国政府友谊奖

　　在樊建平看来，先进院不只是重视海外引才，还抓住了深圳人才政策带来的良好机遇。广东省创新团队政策和深圳市高层次人才政策，为先进院的快速发展提供强大动力。2009 年之前，先进院到海外招人还是相当费劲的，因为允诺的报酬没有什么竞争力，要靠理想和情结来打动海归人才。2010 年 10 月，深圳推出引进高技术人才的政策，被纳入人才项目的海外高层次人才可享受 160 万至 300 万元不等的奖励补贴，并享受居留和出入境、落户、子女入学、配偶就业、医疗保险等方面的优待政策。对引进的世界一流团队给予最高 8000 万元的专项资助，并在创业启动、项目研发、政策配套、成果转化等方面支持海外高层次人才创新创业。

　　樊建平由衷地说："深圳市对高层次人才和创新团队的支持力度很大，

先进院的招贤密度也随之加大，而且海归人才水平提升很快，持续为粤港澳大湾区注入强劲的人才动能，构筑创新高地。"

眺望科技前沿 布局新学科

2019 年 11 月，先进院在瑞士巴塞尔大学举行了一场人才招聘会。活动结束后，汪瑞陪樊建平院长走在路上。望着穿城而过的莱茵河，汪瑞向樊院长介绍说："巴塞尔大学曾是天才哲学家尼采工作和生活过的地方，他 24 岁便被破格录取为正教授。"樊建平若有所思地说："大学不仅要出思想、出人才，还要出像这样的世界级名企。"他指了指莱茵河边的两幢高大的建筑物："你看，世界上最大的制药公司就在这儿。"他指着的正是罗氏和诺华全球总部的所在地，两幢建筑在他们面前遥遥相对。

2019年，樊建平院长前往瑞士学术交流暨巡回招聘会的间隙参观制药博物馆

自深理工 2018 年年底筹建以来，樊建平就在思考如何创办一所国际一流大学。作为瑞士本土的第一所大学，巴塞尔大学拥有 560 年的历史，在生命科学与医学、视觉研究、纳米科学、新能源等领域具有广泛的国际影响力，而且培养出诸多世界级的学术专家，包括物理学家丹尼尔·伯努利、数学家莱昂哈德·欧拉，以及第一位分离出 DNA 的人——生物学家弗雷德里希·米歇尔。

古老的巴塞尔大学是樊建平海外招聘走过的百余所高校、科研机构的一个缩影。樊建平深深感受到，一所好大学可以把思想和科技紧密融合在一起，不但能做出一流的成果，还能培养出一流的人才，同时培育出一批造福社会的优秀企业。这是他心目中最理想的大学的模样。

樊建平院长每次参加海外招聘活动，一项重要行程就是参观国外高校大大小小的实验室。他曾参观过数百个世界一流的实验室，不论是熟悉的信息技术领域的实验室，还是生命科学、脑神经、合成生物等实验室，他都兴致勃勃地参观学习，与外国专家深入交流，借此为先进院把握学术方向，让决策更加具有前瞻性。

2013 年，樊建平率队到美国招聘人才，当时，刘陈立在哈佛大学做博士后，樊建平把波士顿的行程交给刘陈立安排，然后一起去哈佛大学医学院拜访杰克·绍斯塔克，他是 2009 年诺贝尔生理学或医学奖得主。他们还拜访了美国微生物学会的前任主席罗伯托·科尔特，及乔治·丘奇、帕梅拉·西尔弗等合成生物领域的顶级专家。

2014 年，樊建平和刘陈立一起去美国伊利诺伊大学厄巴纳香槟分校参观世界第一个自动化生物功能岛，以及两个生命铸造厂。在参观途中，刘陈立向樊建平汇报了合成生物学近两年在美国的发展动态："2013 年，在'生命铸造厂'项目实施 2 年之后，美国国防部高级研究计划启动'生命铸造厂 - 千分子'计划以作为前一计划的补充。而且，美国已经有合成生物方面的上市公司——Twist Bioscience 和 Ginkgo Bioworks，且发展势头十分迅猛。"

樊建平在参观自动化生物功能岛时，感叹道："这就是科技的最前沿，IT 与 BT 的融合成为科技前沿，而且他们找到了应用场景，未来很有潜力。"从那年开始，樊建平着手在先进院布局合成生物学方向，全力以赴组建合成生物研究团队，之后又牵头在深圳建设合成生物学院和合成生物大设施，使深圳成为全球最大的合成生物研究基地。

创新团队成员成长为中流砥柱

先进院人力资源处副处长丁鹏介绍，先进院共有 27 个团队获批省市创新团队，他们为先进院人才集聚和创新发展提供了十分重要的人才支撑。这些团队的成员成长非常快，在引进高端人才、组建研究单元、建设重点学科等方面发挥了积极的作用，成为国家相关领域的科研骨干力量。

低成本健康技术创新团队于 2010 年获批广东省首批创新团队，这也是深圳先进院首个广东省创新团队，团队带头人张元亭是国际医学与生物工程院、美国医学与生物工程院、电子工程师学会会士，团队有核心成员 10 名，其中电子工程师学会会士 2 名，美国医学与生物工程学院会士 2 名。

该团队以健康信息学为主题，长期从事有效利用健康信息学手段对个体生理机能进行监测、辨识和调控的研究，主要包括典型重大疾病的早期诊疗，研发新型医学检查、诊断、治疗、康复和健康信息技术或装备，催生并引领低成本健康新兴产业，希望通过解决疾病预防和早期诊断关键技术中的基本科学问题，促进相关科学和科技发展，服务国家全民健康的战略需求和战略目标。在项目结题时，团队研制的产品覆盖了五大类别、十余个型号，累计年产值突破 2 亿元，已在全国十省千余个村卫生室应用，并通过科技部国际合作走出国门，参与非洲援助。

"这支广东省创新团队成员后来发展成先进院的中流砥柱，郑海荣现在是先进院副院长，李光林为集成所所长，王立平为脑所所长，蔡林涛为医药所所长，领军生物医学工程、生物医药技术、脑科学、人工智能等学科，人才集聚作用突出。"丁鹏介绍，"机器人与智能信息技术创新团队是另外一支广东省创新团队，结题获优秀，成员中包括先进院副院长汤晓鸥和时任副院长徐扬生，该团队成员牵头先进院 90% 的机器人与智能信息方向的研究，入选国家级和地方人才计划 33 人次，乔宇曾任数字所所长，吴新宇任集成所副所长，还有 5 位成员担任研究中心主任。"

2010年获广东省创新团队支持的低成本健康技术创新团队成员合影。该团队成员已成长为深圳先进院的中流砥柱

由此可见，深圳先进院依托一流的人才和技术，发挥团队的人才聚集优势，实现了"以才引才、以才育才"的目标。创新团队落地开花，建成领域内重要的研发平台，研发成果也为区域创新驱动提供产业引领作用。

疫情阻挡不了大咖来华的脚步

其实，每一位海归人才背后都有各自的感人故事，有的是拖家带口全部回来，有的需要说服家人，有的甚至冒着疫情风险。先进院时任纪委书记冯伟的脑子里浮现出一桩桩关于人才回国的往事。

"张键博士 2010 年底回国加盟先进院，可由于夫妻二人都忙于科研事业，把孩子的签证到期时间都给忘了，再过一周时间孩子的签证就过期了。为了帮助张键解决这个难题，我们想尽办法联系到了美国驻香港领事馆，办好了孩子的居留许可与护照。"冯伟说，"陈宝权教授 2008 年初从美国明尼苏达大学回国，曾经担任先进院数字所副所长，他回国的时候，带回来 3 个小孩。由于孩子是在外国出生，不会讲中文，只能进国际学校就读。针对陈宝权小孩上学的问题，先进院领导班子展开讨论，制订并出台了'骨干责任研究员子女上国际学校的补贴政策'，对其他的骨干科研人才也都适用，这就是深圳先进院'3H 工程'最初的由来，给人才提供全方位服务。"

2017 年 10 月，深圳先进院专门设立了"3H 工程"委员会办公室，负责"3H 工程"工作的日常协调管理。在此基础上，建立和完善了一套"以人为本"的工作机制，协助人才解决安居困难问题，提高人才医疗健康保障待遇，解决人才子女入学问题。

先进院非常重视人才服务，一直坚持解决好专家的"关键小事"，为人才安心钻研提供温暖的支持。在新冠疫情的严防严控期间，人才服务专员经常深夜和主管部门联系，为入境专家协调各方安排。

有一位院士在口岸通关时因为手机网络问题突然联系不上了。当时大家都万分着急，与防疫部门和口岸部门取得联系，一起寻人，之后用防疫专车将他接回隔离酒店。外籍专家的出入境也属于先进院人才服务专员的服务事项。

疫情防控的常态化，对外籍专家来华工作影响很大。恰逢国家有关部门放开相关政策，人才服务专员第一时间和深圳市出入境管理部门取得联系。在双方的大力支持下，最终为20余位外籍人才办理了中国的永久居留证。先进院的人资处专员与出入境部门及时沟通，陪同专家递交材料，默默地做了许多工作。

戴安娜教授夫妇是一对来自意大利的科学家，受先进院邀请全职加盟。2021年4月，是他们伉俪来华工作的原定时间。然而，受到疫情防控政策的影响，戴安娜教授夫妇的来华之路十分坎坷，一波三折。第一次是从意大利直飞中国的航班熔断，辗转法国飞行，却在临登机前1小时被告知其不符合始发地防控要求，无法获取登机的资格，行程被迫取消。之后，先进院的工作人员一直与戴安娜教授保持沟通，也随时关注着疫情防控政策的变化。

直至同年8月，意大利解除了经第三国入境不签发"二维码"的限制。为避免后续政策再次调整，先进院抢抓时点，前后七次与法国、意大利大使馆沟通，确认登机流程、所需材料及航班情况，最终成功协助戴安娜教授夫妇于2021年9月顺利来华工作。

海归专家潘毅教授在归国的航班上紧张准备项目答辩的材料，在先进院传为一段佳话。潘毅教授是云计算、大数据分析、人工智能研究领域的技术专家，设计和开发了许多生物信息学算法和工具，有力地推动了生物学和医学科学的发展。2020年，潘毅教授全职加盟深理工并牵头计算机学院的建设。受疫情影响，在签证暂停办理的情况下，先进院人力资源处经过多方协调，最终在广东省人民政府外事办公室成功办理外国人入境来华邀请函，为他办理了工作签证。

当时，负责人才工作的业务主办刘锐峰向潘教授介绍了国内的人才政策及项目工作，并协助潘教授组建高层次人才团队，以自闭症儿童早期筛查为课题申请了深圳的创新团队项目。为做好专家服务工作，刘锐峰及时与深圳市人才局沟通了潘教授的回国行程，南山区防疫专班安排专人、专车连夜从广州将潘教授接回指定酒店。

深理工计算机科学与控制工程学院院长潘毅

在潘毅教授隔离期间，恰逢创新团队项目答辩。他为回国开展科研项目做了充分准备，为了做好答辩工作，他多次组织线上会议，与团队成员和专家商讨项目答辩事宜。"我在美国生活工作了 34 年，所以中文写作水平并不是那么好，而项目答辩需要在最短的时间里，用最凝练的语言表达出自己的所有想法，包括对研发方向、创新路径和项目愿景都要做出准确的介绍，这对我来说是一个非常大的挑战。"潘毅教授对每个字词进行反复推敲，争取实现最理想的效果。

一切准备就绪，答辩那天很快就到了，潘毅教授很自信地完成了线上答辩，介绍得准确生动，现场评委对这次答辩效果非常赞赏，项目评分名列前茅。最终，潘教授获得深圳市团队项目的支持，为其回国开展科研工作奠定了坚实的第一步。

人力资源处人才服务办主任叶远望深有感触地说："疫情防控期间，诸如此类的服务案例还有很多，我们也切身体会到深圳市对人才工作的重视，感受到'深爱人才，圳等您来'的引才决心和诚意。海外顶级专家们克服多重困难来华工作，也让我们深深地敬佩和感动。"

"元宇宙＋直播"全球揽才

如何面向全球招揽科技英才？多年以来，先进院在国内外激烈的"人才战"中屡出奇招，这次席卷全球的疫情也没有让先进院放慢在全球招贤纳士的脚步。相反，先进院率先搭建起"元宇宙"会场，请来多位重量级嘉宾分享经验，并由各学科代表、人力资源负责人现场进行互动交流，参会学者可在虚拟空间随时移动、切换会场，以语音和视频等多种形式自如沟通，这无疑是一次令人振奋的全新尝试。

2022年5月27日，"SIAT第四届IBT创新人才论坛"成功举办，这次活动由深理工、深圳先进院及深圳先进电子材料国际创新研究院突破性地以"元宇宙＋直播"的形式联袂召开。论坛由专题报告和人才互动交流两个部分组成，旨在为海内外优秀青年学者全面介绍深圳先进院的学科布局和发展前景。在论坛现场，深圳先进院院长、深理工筹备办主任樊建平向参会学者介绍了深圳先进院的战略规划，深理工筹备办副主任、讲席教授赵伟从师资体系、教育体系、校园规划等方面介绍了深理工这所新型研究型大学的布局。此次论坛共吸引了近400位海内外学者参与，既有来自如清华、牛津、帝国理工、麻省理工、瑞士洛桑联邦理工学院等国际名校的应届博士、博士后、教授、研究员，也有来自企业的工程师，可谓群贤毕至，人才济济。

先进院人力资源处副处长黄术强介绍，2020 年以后，海外线下招聘遇到了前所未有的阻力，先进院曾尝试开展线上招聘，但效果并不理想。于是，先进院和深理工通过搭建元宇宙的会议场景，拉近了学校与人才的距离，更提升了交流的效率，不仅让学者获取到最新、最权威的资讯，还直接与各学科代表"面对面"沟通，突破了时空的限制，探索出更多的可能性。现在面对国内高校的招聘，也是采用线上和线下结合的形式，获得了意想不到的效果。

深理工为高水平引才再筑新平台

自从深理工依托深圳先进院进行筹建工作，深圳先进院人力资源处副处长王枫在招揽海外人才的时候，就多了一个抓手："对于海外资深科研专家和年轻教授来说，科研机构和高校的双聘职位十分有吸引力，因为他们希望在一流平台上做出成果转化的同时，能培养学生，有所传承，所以我们近两年招揽的人才级别更高、国际影响力更大。"

加拿大皇家科学院院士、加拿大不列颠哥伦比亚大学医学院终身讲座教授王玉田院士是第一位签约的学院院长，出任深理工生命健康学院院长。

2018 年 7 月，王玉田院士第一次来深圳先进院做学术报告，先进院领导跟王玉田教授商谈在先进院联合建一个院士工作站。2018 年 9 月，他再次与其他两位院士来访先进院，共同商讨合作意向，还与时任深圳市副市长王立新进行了会面。2019 年 3 月 23 日，深港脑科学创新研究院院士工作站在时任深圳市副市长王立新、中科院副院长张亚平院士的见证下正式揭牌，也就是在这次会面时，樊建平院长对王玉田院士正式发出加盟深圳理工大学的邀请。2019 年 6 月，樊建平院长赴加拿大温哥华，与不列颠哥伦比亚大学校长及医学院院长会晤，在中科院副院长张亚平院士的见证下，双方签署了 SIAT-UBC 合作协议。

2019 年 12 月，王玉田院士与先进院正式签署协议，成为生命健康学院第一任院长。2020 年 3 月他正式回到国内，在深理工入职。王玉田发自肺腑地说："虽然我在国外大学任教几十年，在国外大学也有竞聘系主任的机会，但我认为学校高层管理人员不仅需要具备一流的研究和教学能力，更需要具有对所在国的社会深刻了解和深度交流的能力。我缺乏对西方文化的深度认识，没有在加拿大参与教育管理岗位的竞聘。回到祖国，作为一名教育管理人员参加一所新型研究型大学的建设，对我来说是一个巨大的机遇，也是一个新的挑战，我对此充满期待和向往。"

2020年11月11日，樊建平为王玉田颁发生命健康学院院长聘书

王玉田院士在新的平台上积极发挥着学术带头人的作用。他领衔的"重要神经精神疾病发生与干预的神经生物学共性机制研究"项目，成功获批2020年度国家自然科学基金区域创新发展联合基金。该项目属于集成项目，包括5个子课题，王玉田担任主课题及课题五的负责人。

"像王玉田院士这样的国际大咖加盟深理工，在生命健康研究领域具有很强的号召力，吸引高端人才，也更容易充分发挥'以才引才'的效应。"王枫介绍，深圳先进院围绕计算机科学与控制工程学院、生物医学工程学院、生命健康学院、药学院、材料科学与能源工程学院、合成生物学院6个学院，依托国字号科研平台的产业及资本优势，打造生物医学工程、合成生物学、脑科学、生物医药、机器人与人工智能、先进电子材料6个世界一流学科。

迄今为止，先进院和深理工人才规模达到4700多人。进入2020年全球2%顶尖科学家榜单的有31人，海归人才有900多人。

王枫表示，我们诚邀优秀青年学者依托深圳先进院平台申请国家自然科学基金优秀青年科学基金项目（海外）。该项目旨在吸引和鼓励已在自然科学、工程技术等方面取得较好成绩的海外优秀青年学者（含非华裔外籍人才）回国工作，自主选择研究方向开展创新性研究。先进院为人才提供具有国际竞争力的薪资、充足的科研经费、共享科研平台、开放自由的学术环境、充足的实验空间、扎实的国际合作基础、有力的团队建设支持，全力支持人才开展前沿性、探索性、原创性科学研究。

【案例链接】梵格院士：深圳先进院是干事业的热土

深圳先进院医药所引进的霍斯特·亚瑟·梵格院士获得2020年度中国政府友谊奖，并于2021年国庆节前受到国务院总理李克强的接见。

在深圳先进院，流传着许多关于梵格院士的感人故事。他在瑞士洛桑湖畔有一栋占地500平方米的别墅，推开落地窗即可看见迷人的湖光山色，可他居然来到深圳先进院，居住在崇文花园仅有百余平方米的公寓里，每天步行往返于公寓和实验室，乐此不疲。他曾拒绝儿子让他回到瑞士的请求，坚持留在深圳从事喜欢的科研工作。他说："先进院是干事业的热土，我热爱这里的工作，中国需要我留下。"

1. 洋教授有一个"中国胃"

"霍斯特·亚瑟·梵格教授最喜欢吃我做的麻婆豆腐，他夫人喜欢吃我炒的辣子鸡和回锅肉。"深圳先进院袁曙光博士微笑着说，"我在瑞士洛桑联邦理工学院读博士期间，导师梵格教授夫妇每两周就邀请我去家里做客，我会做几道中国菜给他们品尝。现在他在先进院工作，经常去食堂吃饭，我跟教授开玩笑说他有一个'中国胃'。"

这位霍斯特·亚瑟·梵格教授是瑞士科学院院士、美国发明科学院院士、瑞士洛桑联邦理工学院终身成就教授。作为膜蛋白生物技术专家，他精专于生物芯片技术创新以及人工智能合成新药，他将一系列生物芯片技术产业化，用于治疗癌症、阿尔兹海默病、糖尿病等诸多疾病。这位大名鼎鼎的洋院士对中国文化特别钟爱，他的夫人更是一个"中国迷"。

2006年，梵格院士第一次受邀来华参加首届国际纳米生物技术与结构生物学研讨会，并被四川大学聘为荣誉教授。他携夫人同游了西藏，并对中国文化充满了兴趣。之后，梵格院士的两个儿子先后到中国工作和创业，梵格院士的夫人喜欢中国的风土人情，每年四五月份都会前往杭州买西湖龙井茶。

"我在中国一线城市的大学考察了一圈，发现深圳市政府对科研工作大力支持，最终决定来深圳先进院继续进行研究，开发一些全新的项目。"梵格院士应其博士生袁曙光的邀请，在 2019 年 10 月全职加入深圳先进院，扎根深圳，贡献其毕生研究成果，并与袁曙光共同组建了深圳先进院计算机辅助药物设计研究中心。该中心旨在通过生物计算、人工智能、生物技术创新等方法，通过计算平台与实验平台的相互搭配，高效实现原创新药的研发。

2. 最后一个离开实验室的科学家

与一些外国专家不同，梵格院士特别热爱工作，到了几乎以实验室为家的地步，每天都是最后一个离开实验室的。

2020 年夏季的一个深夜，深圳即将迎来台风，先进院计算机辅助药物设计研究中心的一位博士后准备回家时，发现梵格院士还留在实验室里工作着。院士要博士后先回去，他还要再继续工作一阵子，结果那天他工作到凌晨两点多，才顶着台风回家。

梵格院士对工作极其负责，每天早上 10 点到办公室，晚上 12 点离开办公室，几乎成了雷打不动的习惯。每次开组会的时候，梵格院士总能给学生提出建设性的建议，启发他们朝各自的科研方向继续深入探索。

由于梵格院士是学术领域非常有名的科学家，所以对国际高端科研人才很有吸引力，先进院计算机辅助药物设计研究中心成立短短两年间，从零起步发展到有 40 多人的队伍，其中有 16 人是受到梵格院士吸引而加入团队的。令人瞩目的是，这一支集结了包括药物设计、药物化学、药理学、计算机等领域的专家学者组成了基于人工智能计算平台与生物技术创新实验平台相融合的新药研发平台，该团队自 2019 年底迅速构建了 10 亿个虚拟候选药物分子库的研发基础。

2020 年初，梵格院士放弃休假，积极投身抗疫工作，指导团队在两周内从近万个药物分子库中筛选出 6 个抗冠状病毒药物，其中 5 个已获得细胞实验验证，正与医院合作研究。

3. 基础科研和成果转化两不误

梵格院士及其团队主要研究信号被生物细胞接收以及传输、传递给细胞的反应过程，最终目标是运用这些技术研发创新药。

在梵格院士的带领下，袁曙光团队发表了很多有影响力的学术论文，比如利用人工智能和计算生物学的方法，从 158 万个化合物中寻找到 17 个嗅觉受体蛋白 Olf73 的活性药物分子。针对嗅觉失灵的患者，他们可以进行靶向药物分子设计，未来经过临床试验后，就可以把药物分子注射入人体，重新激活嗅觉受体蛋白的生理功能，让患者恢复嗅觉。该成果以《计算机模拟发现嗅觉受体靶向药物结合的特异性》为题发表于 *Nature* 子刊 *Communications Biology*。2021 年 11 月，袁曙光课题组与纳米中心李红昌课题组合作，通过生物计算的方法发现一类药物分子可以有效阻止新冠病毒的侵染，相关工作以封面故事形式发表在 *ACS Pharmacology & Translational Science* 期刊上。

梵格院士并没有止步于基础研究，而是希望科技成果实现转化，他曾在瑞士成功孵化过 3 个项目，累计获得 8000 万欧元的投资，项目先后被不同大型企业收购，获得了科技成果转化的巨大成功。

梵格院士对在中国进行科技成果转化也充满了信心："目前，制药行业从基础科学到研发新型药物所耗费的时间很长，因此科技成果转化就显得非常重要，把知识转化成实际应用，对生活、对社会都会有积极的促进作用。"他希望利用先进院的新型生物技术及新型计算机模型大幅缩减研发创新药的时间，未来临床前研究会比传统制药行业的做法快得多。

2020 年 7 月，梵格院士和袁曙光博士携手在深圳创办了深圳阿尔法分子科技有限责任公司，致力于 AI 制药技术的研发，并于 2021 年春天获得了 2000 万元的天使投资。如今，他带领朝气勃勃的科研团队正在产业化大道上夜以继日地奋斗着。2022 年 1 月，公司在近 4 个月时间内利用先进的生物芯片技术和 AI 算法，针对两个新靶点筛选和设计出高活性的先导化合物，而传统新药研发完成这个过程往往需要两三年时间。深圳阿尔法分子科技有限责任公司正与国内外大型制药公司密切合作，共同为人类健康事业而努力。

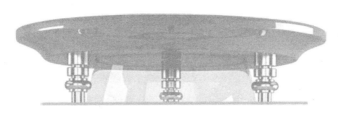

管 理

管理，是战之术。为了践行"工业研究院"的责任和使命，深圳先进院持续改进运行效率，采用理事会治理结构机制，以市场手段为导向，打破行政管理层级限制，既避免了行政力量对科研工作的过度干扰，也有效地保障了科研和运营的效率，为先进院的发展发挥了巨大的支撑和促进作用。

　　同时，先进院加强科研管理、财务管理、设施平台管理以及综合管理，为科研活动提供专业化的服务，人力资源管理采取公平公正的激励机制，让机构充满生机和活力。这些在机构管理中所采用的机制和方法都属于战术，是达成战略目标的关键举措。先进院按照"围绕中心、服务大局、保障发展"十二字方针，营造出"想干事、能干事、能干成事"的氛围，将各项管理措施落实到位，科研、管理、产业化团队相互理解和扶持，取得了很好的效果。

第四章 理事会治理制度是进步的标志

2006 年，中国科学院的"知识创新工程"已经实施了 8 年。这一年，中国科学院对我国科技体制进行了调研和统计，发现当时国内科技体制存在两个突出的问题，一是科技资源分布极不均衡，北京、上海集中了国家大部分的科技资源，而珠江三角洲地区的科技资源配置相对薄弱，极不适应经济社会发展的需求；二是科技创新链条方面缺少转移转化的环节，知识与新技术集成力量明显不足。

作为国家战略级的科技力量，中国科学院牢固树立引领发展的理念，率先实现科技创新的跨越发展，使我国科学技术真正走在前面，有效支撑着创新型国家和社会主义和谐社会的建设。2006 年前后，中国科学院党组决定在经济发达但科技资源薄弱的地区新建一批科研机构，先后在深圳建立了先进院，在宁波建立了材料技术与工程研究所，在厦门建立了城市环境研究所，在烟台建立了海岸带研究所，在苏州建立了纳米技术与纳米仿生研究所，在天津建立了工业生物技术研究所，在重庆建立了绿色智能技术研究院，还包括青岛生物能源与过程研究所和上海高等研究院，这些研究机构都与地方政府采取共建模式，属于面向经济产业和可持续发展需求的综合类研究院，各自保持明确的目标和方向。但如何与地方政府共建、共同管理这些研究机构，中国科学院之前并没有太多的经验。

深圳先进院借鉴国际著名科研机构的相关经验，采取理事会治理制度，打破行政管理层级的限制，在聚集和激励人才、促进科技创新和科技成果转化方面发挥了重要作用。

深圳先进院采取理事会治理制度

深圳先进院是由中国科学院、深圳市政府、香港中文大学三方共建的，与其他共建的研究院有所不同，樊建平领导的筹建班子在 2006 年前后考察了在深圳做得比较成功的深圳清华大学研究院、德国马普研究所、美国国家实验室、日本理化学研究所、中国台湾工业研究院、香港应用科技研究院等，发现这些科研机构都采取理事会制度，政府、科研机构和下属单位的权利和职责明晰，科研机构有一定的自主权。深圳是改革开放的窗口，深圳市政府和香港中文大学对采取理事会制度也比较认可。采取理事会管理制度既符合中国科学院和地方政府合作的现实需求，也符合香港中文大学和深圳市政府的共同诉求。

2010 年 5 月 24 日，先进院根据《中国科学院与合作方共建研究机构理事会章程》，成立了第一届理事会。由共建三方共同组成理事会，中国科学院担任理事长单位，深圳市人民政府、香港中文大学担任副理事长单位。理事会负责审议先进院的重要规章和制度，提出院长与副院长的建议人选，审议发展战略、规划及法定代表人任期目标，审议年度工作报告、财务预算方案和决算报告，审批先进院的薪酬方案等事项。理事会拥有决定深圳先进院领导班子的权力，由中国科学院提名院长人选，经过理事会成员认可、再报中国科学院党组任命，由深圳市政府和香港中文大学分别提名 1 名副院长人选。院长是先进院的主要负责人，全面负责先进院日常各项业务和工作；副院长协助院长工作，受院长委托主管某一方面的工作。这样的安排体现出理事会对深圳先进院共同管理、共同建设的目的。

2010年8月24日，根据《中国科学院与合作方共建研究机构理事会章程》，由共建三方共同成立先进院第一届理事会

香港中文大学对学术成果要求很高，深圳市政府希望先进院能促进深圳高新技术产业的发展，中国科学院要求先进院在承担国家级战略项目上有所贡献，理事会对深圳先进院的考核就包括上述三个方面的内容，赋予深圳先进院既注重学术研究又重视产业化的基因，并为先进院打上"科研国家队"的烙印，为其成为国家科技创新队伍中的生力军奠定了牢固的基础。

理事会制度促进先进院快速发展

樊建平认为，筹建时期由理事会组成的"领导小组"打破了以往传统的行政方式，为先进院的快速持续发展奠定了坚实的基础。理事会制度在很大程度上避免了行政力量对科研工作的过度干扰，有效地保障了先进院的科研和运营效率，创新了人、财、物资源的配置方式，对先进院创立和早期发展发挥了巨大的支撑和促进作用。

第一，理事会大力支持先进院实行绩效奖励政策。2012 年 9 月 28 日，时任中科院副院长施尔畏主持先进院第一届理事会第三次会议，理事会同意先进院实行以绩效为主的"基本工资、岗位津贴、绩效奖励"三元结构工资制，这是科研机构将资金和资源集中到人才上的有效办法。在 2013 年召开的理事会上，樊建平汇报了绩效奖励措施发挥的巨大激励作用：2013 年先进院在争取科研经费、发表学术论文、科技成果转化等方面都取得了历史性突破。会议同意先进院 2014 年继续实施绩效奖励，奖励范围、标准保持不变。

第二，理事会支持先进院的人事任免制度，坚持末位淘汰制。这就大大提高了先进院的管理效率，也提高了先进院人才队伍的含金量。

第三，理事会制度为先进院争取到三方共建单位的支持，涉及经费支持、人才计划指标等内容。

2010 年到 2014 年期间，先进院第一届理事会先后召开了四次会议。2015 年 3 月，完成了对第一届领导班子的考核，首届先进院理事会届满，圆满完成历史使命。第一届理事会对先进院的成长起到了促进作用。

由此可见，先进院采取理事会制度是一种超前的制度安排，理事会制度能够充分激发机构的活力，使先进院以市场手段而不是行政权力为导向，打破行政管理层级限制，追求效率和效益最大化，在一定程度上释放了科研的活力，对聚集和激励人才、促进科技创新和科技成果转化具有重要作用。

"先进院采取理事会制度，不仅提高了工作效率，也很快形成了先进院'敢想敢干'的创新文化。"樊建平说，"没有共建三方在体制方面的设计——理事会管理制度，先进院就不可能实行面向效率和效益的企业化管理模式。在深圳激烈的人才竞争环境中，没有一支强壮的科研和管理队伍就很难立足，也不可能有先进院的今天。"

理事会制度是一种更先进的制度

深圳先进院党委书记吴创之曾担任中科院广州能源研究所所长，在他看来，新型科研机构和传统研究所的运营方式有显著的区别，坚持至今的理事会制度，更是先进院的一大亮点和特色。吴创之介绍，先进院是科学院系统内唯一将理事会制度坚持到今天的科研机构，相比之下，那些与先进院同批设立的新型研究机构，理事会最后都不再发挥具体的作用。

他认为，理事会为先进院未来发展确定了大方向，根据理事会决议，由深圳市政府、中科院、香港中文大学匹配一定资源，三方的共同努力为先进院的发展提供了制度保障。

2017年4月12日，先进院第二届理事会第一次会议召开，会上共建三方均对先进院加大了支持的力度：为了促进先进院团队建设，中国科学院适当增加先进院"百人计划"指标，鼓励争取"百人计划"A类指标；关于经费支持，深圳市按照中科院运行经费的1：0.5进行匹配，对中科院项目经费按1：1匹配，上述两项配套资金每年合计不超过1亿元，并纳入市财政预算；为满足先进院新增海内外高层次人才的安居需求，同意新增100套人才安居房，南山区政府协助解决先进院2017年度新增的750名学生的住宿问题；香港中文大学将在原有合作领域的基础上，结合先进院计算机及生物技术结合发展方向，拓展在生物、医疗领域的研发深度。

2020年6月16日，先进院第二届理事会第二次会议以视频的形式召开，会议听取了樊建平代表先进院第二届领导班子关于"2015—2019年度先进院发展情况"、"深理工筹建进展及与深圳先进院融合发展设想"的汇报。会议高度肯定了先进院本届领导班子在任期内的工作，认为本届领导班子是一届有能力、肯付出、担使命，具有改革创新精神的领导班子。会议充分肯定了先进院过去五年在重大科研成果产出、人才队伍建设、深化科教融合、推动产业发展、深理工筹建等方面取得的成绩，高度评价了先进院在国家源头创新体系及地方产业发展中起到的引领和示范作用。会议表示，先进院已发展成为具有特区基因和改革精神的科研机构，是新型科研机构的一面旗帜，为深圳科技创新和经济社会发展做出了突出贡献。理事会将进一步加大对先进院的支持力度，支持先进院与深理工的建设，中科院将统筹考虑先进院与深理工深度融合发展需要，综合调配资源。

2022 年，最新一届的理事会对深圳先进院的支持力度进一步加大。鉴于先进院过去取得的成绩，持续加大对先进院的支持，包括配套资金增加数倍，中科院支持先进院承担更为重要的科研任务，香港中文大学从共建联合实验室等多个方面支持先进院与深理工的建设。

吴创之指出，科研机构改革要与社会环境、政府行政效率相匹配，如

党委书记、副院长吴创之

果脱离了客观条件，最终还是会回到原有体系内。十多年前，国内其他的科研机构或者大学最开始也采取了理事会制度，但没有明确具体的责任单位，其结果就是谁都不管，导致运行效率低下，理事会形同虚设，退化到一般意义上的"领导小组"模式。

纵观全球，理事会制度是世界各国科研机构通行的现代院所制度。我国处于创新驱动发展的新阶段，亟须从传统事业单位机制向现代院所制度转变，深圳处于我国改革开放的前沿，完全可以先行先试。先进院采取"理事会领导下的院长负责制"，理事会有共建三方协商平衡的机制，虽然与最初对理事会制度的设想有一定的差距，但经过十多年的实践，理事会制度如今仍在发挥作用，确保了先进院的稳健发展。近年来，深圳市新建的大学和新型科研机构大多坚持了理事会制度，比如南方科技大学、鹏城实验室、深圳湾实验室等。这证明理事会制度与传统事业单位受"主管部门垂直管理"的机制不同，很大程度上发挥了市场手段而非行政权力的导向优势，打破了行政管理层级限制，追求效率和效益最大化，是一种更先进、更高效的制度。未来，先进院也将进一步总结经验教训，让理事会制度更加完善，探索为新型科研机构立章建制，确立科研机构的创新自主权，鼓励科研人员自主流动，慢慢形成一个知识的市场，参与并逐步引领国际科学技术的发展。

第五章　科研布局与团队建设特色鲜明

一流人才是科技创新的源头活水，做好科研布局、吸引相关的一流人才组建科研团队，是新型科研机构成功的关键。传统科学院的研究所都是按照学科设立的，比如物理研究所、化学研究所、生物研究所、古生物研究所等，而深圳先进院并不是按学科建设研究所，而是参考了创新的战略方向和目标。科研布局方向不是单一的，而是多元的，并根据实际发展需求来调整，这就给先进院的领导班子带来一个新的问题：因人设事还是因事引人？

先进院在谋求科研布局与团队建设的合理性上，下足了功夫，不仅高瞻国际科技前沿，而且紧紧围绕深圳经济发展的实际需求，结合深圳市人才政策、科技产业政策，在科研布局和团队建设上探索出一条新路。根据需求牵引原则，设立了集成所、医工所、数字所、医药所、材料所、脑所、合成所、碳中和研究所8个研究所，已建成一支平均年龄为33岁的国际化创新人才队伍。

从管理上看，深圳先进院更多是"因事引人"

深圳先进院原副院长、现任广州能源研究所所长吕建成说，从管理的角度看，先进院更多是"因事引人"，从科研上看，先进院根据国家战略需求、国际科研前沿以及国民经济主战场需求，选定一些科研领域，然后从全球招聘该方向的一流人才，再为这些人才干事创业提供最合适的科研环境。比如，先进院看准了碳中和这个方向，就引入了成会明院士，继续招揽与低碳、节能、新能源新材料相关的人才。

他强调，"因事引人"这个"事"专指"科研领域"，先进院在人工智能、生物医药、大数据、脑科学、合成生物、高端医疗器械等多个科研领域布局，同时鼓励多学科交叉互通，这十分吻合世界科技发展的趋势。

吕建成以自己创建的光电工程技术中心为例，深入介绍了"因事引人"的举措和效果。他受樊建平的邀请，于 2009 年从西安光机所调到深圳先进院任副院长，2011 年创建了光电工程技术中心，发展两个方向，一是生物医用光学，二是海洋探测技术与装备。为了发展生物医用光学，引入崔洪亮教授团队，崔教授在先进院平台上通过跨界合作，取得了新的技术突破。2021 年，崔洪亮教授团队发布的"用于生物大分子相互作用过程可视化的太赫兹近场光谱成像仪器研制"获批了中国科学院仪器专项，这是一项具有颠覆意义的创新技术。

先进院集成所崔洪亮教授团队与医药所蔡林涛团队充分发挥先进院多学科交叉的优势，将通讯中用到的太赫兹波技术与生物医药开发的基本科学问题有效结合，协同创新，力图开发一种具有纳米分辨率的动态生物分子作用的可视化观测科学装置，为生命科学与生物医药研发领域配备一个可洞察一切的显微之眼，使研究人员能够以一种前所未有的"视觉"方式深入动态了解复杂的生物系统和分子机制。崔洪亮介绍，生物大分子相互作用机理研究一直被世界先进国家列为生命科学优先发展的研究方向之一。若想实现动态可视地揭示生物大分子相互作用的过程和内涵的目的，对于电磁波技术而言，则需要纳米级的空间分辨率、毫秒级的时间分辨率，以及与此类相互作用能量相匹配的光子能量。太赫兹波恰是唯一有希望完全满足以上三个条件的电磁波段。该团队研制的太赫兹动态近场光谱显微仪，就是一种新型的单分子水平的无标记生物大分子及细胞检测设备。

樊建平院长介绍，先进院初创阶段，大多是因人设事，比如最早的一批研究中心，都是香港中文大学教授根据自己的科研方向设置的，比如徐扬生组建智能仿生研究中心，杜如虚组建精密工程研究中心……随着先进院的快速发展，近年来"因事引人"的情况就更多了，前提条件就是已经具备一定的资金储备、能完善科研平台以及具有相当的学术积累，这样引人的效果会更快更好。比如合成所，由2017年筹建开始时的一个几十个人的团队，不到5年时间就发展成为近千人的团队，成为全球合成生物学领域的重要科研力量。深圳市合成生物学创新研究院2019年正式揭牌，深圳合成生物重大科技基础设施也在紧锣密鼓地建设中，这就是一个"因事引人"的典型案例。当然，现在也还是会有因人设事的情况，根据某个科研大咖自身的科研特色，设立一个研究单元，比如未来计划设立生命健康仪器研究所、细胞研究中心等。不同团队的建设以不同的方式为主导，会根据实际情况动态调整。

深圳先进院为何又能因人设事？

"传统研究所的框架比较稳定，发展的方向很明确，要干的事情比较具体，因此，以'因事引人'的模式为主。比如，广州能源研究所只能引进跟能源相关的科技人才。而先进院在大的方向上也是因事引人，这个'事'是指大框架、大的科研方向，到具体的科研项目上，更多的是'因人设事'，我认为这是先进院最大的优势和特点。"先进院党委书记吴创之开门见山地说。

为什么"因人设事"是先进院最大的优势？他解释道，依靠广东省、深圳市政府的强有力支持，尤其是深圳市人才政策非常好，先进院有条件把国际一流人才引进来，还可以给他们设立一个专门的研究中心，组建多学科的人才团队。像这样的案例，在先进院有很多，比如，在美国斯坦福大学从事博士后研究的朱英杰于 2017 年加盟先进院，在脑研究所牵头建设了深圳内尔神经可塑性实验室；2019 年 3 月，深圳内尔神经可塑性实验室正式成立，这是深圳脑科学领域首个诺奖实验室，如今团队有 60 多人。又如，先进院把合成生物作为一个重要的科研方向进行超前布局，围绕合成生物这个大方向逐步向全球招聘相关的人才，吸引到一个将才就设一个研究中心，如今的合成所已经设立了合成基因组、材料合成生物、合成生化等 10 个研究中心，分别对应不同的产业赛道。传统的研究所没有能力与资源"因人设事"，没有整体的规划匹配它的科研需要，这就限制了传统研究所引进高水平的人才，尤其是那些能带团队的将才。所以说先进院最大的引才优势就是发挥深圳经济特区的独特优势，因人设事，广纳良才。

由此可见，不论"因事引人"还是"因人设事"，都服务于先进院科

2019年3月23日，深圳内尔神经可塑性实验室授牌成立

研布局的需求，二者并行不悖。樊建平说，科技创新既要有一定的规划性，又要承认"无心插柳柳成荫"，尤其对具有"从 0 到 1"特征的原始创新，更需要发挥人才的积极性。在先进院初创时期，"因人设事"的管理方式为先进院设定新的科研方向发挥了很大的作用，如今，先进院吸引人才的条件越来越好，"因事引人"的方式渐渐成为主流，"因人设事"则成为有益的补充，二者共同谱写出无数佳话。

科研布局原则是"7：3"

先进院科研处原处长、现数字所所长李烨介绍，对于先进院是否应该开辟某个新的科研方向，科研处要提供专业的参考意见。以海洋方向为例，中科院在深海探研方面已经有所布局，比如，深海所研制的"深海勇士"号和"奋斗者"号是全海深潜水器，标志着我国具备进入世界海洋最深处开展科学探索和研究的能力，体现了我国在海洋高技术领域的综合实力。所以，先进院要开展海洋方向的科研，就必须差异化定位，例如帮助潜航员进行心理和生理的适应性训练，用虚拟现实或增强现实的技术提升其操作水平；还可以开发有人机协同功能的水下机器人，利用外骨骼机器人技术使水下作业变得更加高效和安全。

为什么先进院要布局海洋探研这个方向呢？因为国家和深圳市在海洋产业、海洋科考方面都有相关规划，而先进院的科研布局原则是"7：3"，即 70% 的科研工作属于超越企业界已有技术的前沿探索，30% 的科研内容与工业界平行，这种布局为先进院实现科研与产业互补合作提供了基础。

樊建平曾说，先进院可以做出领先市场 5 ～ 10 年的新东西，所以能够拉动新兴产业迅速成长，例如 2006 年国内机器人产业还处于萌芽状态，先进院就大手笔投入服务机器人的研究，成立机器人产业协会，率先推出了跳舞机器人、可穿戴机器人、爬壁机器人等，如今深圳市机器人产业年产值超过 1600 亿元。

"7∶3"的科研布局原则，既体现了先进院站在科技前沿超前布局的战略眼光，又体现了其不与民企争利，在产业界发挥示范引领作用的国家科研机构的使命担当。

全链条的科研支撑服务

先进院确定了科研方向后，就启动"人—财—物"的全面布局。其中，科研处为科研人员提供全链条的科研支撑服务，让科研人员紧密围绕科研方向开展工作，支撑服务覆盖科研项目的全过程、全生命周期，包括科研战略规划、项目策划争取、科研活动实施与监督、项目结题验收、科研成果管理、国际科技合作、材料和设备采购、信息化管理及服务、学术交流、图书馆建设、学术期刊编撰等，为全院科研人员营造优质的科研环境。

第一个环节就是做好规划。科研处不断收集最新的科研进展信息，同时了解老师们的信息，撮合互相关联的优势点，比如策划机器人与人脑结合，科研规划的相关负责人和老师们互动反馈，互相启发。

第二个环节是建言献策。为政府和科学院等管理部门的发展规划提供一些科普型的专业材料，把了解到的最新科研信息通过多种形式传递给相关部门，辅助政府决策。

第三个环节是争取科研项目。争取国家级的大项目对科研组织能力是很大的挑战，要组织院内外的优势力量，形成项目申报的竞争力。

第四个环节是解决项目执行中的问题。刚回国的老师对先进院的管理制度并不了解，需要指导老师在课题中期调整预算；如果有人员的变动，要想办法招揽人才做好结题；有时实验设备采购速度跟不上，也要不厌其烦地做好沟通协调，充分利用先进院的科研经费。

最后一个环节是课题验收和报奖。经常帮助科研团队综合把关，请外部专家预验收。"先进院项目结题通过率在深圳市名列前茅，证明我们不仅有能力争取到大项目，还能把项目做好，将先进院的口碑牢牢守住。"李烨骄傲地说。

科研管理和服务密不可分，如项目策划和成果布局必须从管理的大局观出发，做好组织协调和一对一服务；项目过程管理和结题验收更倾向于管理性质，重在履职尽责、规范高效，为科研服务。现任科研处处长喻学锋介绍："我们先进院的理念一贯坚持'服务在管理之前，管理在服务之中'，科研处现有职工 50 余人，不断提高科研管理的服务质量和科学化水平是我处追求的目标，我们坚持定期与院内 8 个研究所分享最新科研资讯、保持密切沟通交流，做好科研规划和管理等工作，同时与人事处、成果转化处、产业发展处等联动，期望帮助科研人员精准对接产业界的需求，开展更多横向合作和跨界创新。"

第六章 人力资源管理：人才保持流动性

习近平总书记曾说："加强科技人才队伍建设。推进自主创新，人才是关键。没有强大人才队伍作后盾，自主创新就是无源之水、无本之木。"由此可见，人才是最重要的创新资源。

为了更好地引入人才、培养人才、激励人才，深圳先进院在人力资源管理方面开展了一系列的创新和探索。保持人才队伍的流动性，既是先进院队伍充满活力和战斗力的秘诀，也是与传统科研机构固化的人力资源结构的显著区别。

深圳先进院究竟需要什么样的人才？

先进院原副院长吕建成对先进院的人才培养和晋升考核机制十分赞赏。他介绍道："我们从海外招聘回来的人才，大多是年轻人，他们刚拿到博士学位或者刚从事几年博士后研究，已经功成名就的资深研究员很少。当这些年轻的海归来到先进院独立开展科研工作后，能在较长的时间周期里逐渐分出几类人才，有的更偏基础研究，就流动到了高校或者企业；有的喜欢创业，就带着技术和投资创办了企业。这些都属于正常流动，这种正常流动率已经大大超出了院里的末位淘汰率，那些找到了自己可以实现'工研院'梦想的科研人，就留在院里继续发展，成为先进院的中坚力量。"

说到这里，他停顿了一下："最初两年，我们本来想设定末位淘汰率为5%，可有的人去了高校和企业或者自主创业，流动率超过了10%，有的领导就担心先进院留不住人。后来我们问自己：先进院究竟需要什么样的人才？先进院秉持最初的'工研院'定位，一直坚持将科研成果转化为生产力，那么人才一定会发生最自然的流动，有的人会选择到华为、腾讯等龙头企业，而在先进院这个熔炉里经过锻炼还能留下来的人才，就会成为既能做科研又能做产业化的综合型人才，就会成为研究所的骨干力量。因此，我们认为先进院保持10%以上的人才流动率，是符合自然选择规律的，年轻海归们再次经历职场道路的选择，这是一个很正常的现象，经过独立的科研实践，每个人都要找到追求的发展方向。"

采取末位淘汰制 保持流动性

过去，国内科研机构属于事业单位编制，对人力资源的管理延续了事业单位的传统做法，存在论资排辈的流弊，考核结果并不严谨，形成相对固化的人力资源结构。曾在传统科研机构工作多年的樊建平，对如何保持先进院队伍的活力有自己的策略。

樊建平介绍，先进院在不同的发展阶段，对海外人才引进的要求也不一样。初创阶段，海外招聘人才比较多样，要会写论文的人才，也要会做成果转化的人才，既要满足香港中文大学多出学术成果的要求，也要满足深圳市多做产业化的要求，当然还要满足中科院承担国家科研项目的指示，当时招揽的人才比较多样，考核也是多个维度，考核不达标的人就淘汰出去了；第二阶段，先进院赴哈佛、斯坦福等世界一流大学招揽人才，引进人才能够弥补国内研究方向的空白；第三阶段，开始筹办深理工后，先进院不惜代价引入国际上功成名就的学者，准备在深圳建设一所世界一流的研究型大学。

他表示，为了保持组织的活力，先进院自成立之初就严格采取末位淘汰制，每年淘汰至少 5% 的人员。第一年考核结果为"C"者，第二年不能晋升，也不能申报特聘岗位；连续两年考核结果为"C"，则会被劝退。5%的末位淘汰率，加上每年员工自然流动率 10%，先进院的人才流动率维持在 15% 左右。因此，相比于传统科研机构，先进院具有队伍年轻、思想活跃、发展迅速的显著优势。

"先进院对考核结果抓得很实，考核结果直接反映在人才的绩效分配、职称晋升、薪酬调整等方面。一次考核也许做不到绝对公平公正，但会通过多维度的人才评价做到公平公正。这也是先进院能够源源不断集聚优秀人才的重要原因。"先进院人力资源处处长汪瑞介绍道。

促进人才良性流动的内在逻辑

先进院党委书记吴创之曾担任中科院广州能源研究所所长多年，对传统研究所的人事制度非常了解。他到深圳先进院担任党委书记之后，就在思考一个问题：为什么先进院可以实行末位淘汰制，让人才有序地流动起来？

先进院实行全员聘用制，不定编，通过年终考核，实行 5% 的末位淘汰，科研经费实行全成本核算，自负盈亏，建立中心考核淘汰制，不断吐故纳新，保持先进性。

"先进院能够实行末位淘汰制，并真正实现人才流动，其实有两个核心的原因：第一是深圳大环境有利于人才流动，很多企业的经营管理也实施末位淘汰制，大家都知道跟原单位'耗'还不如去外面寻找新的机会；第二是先进院的管理方案有助于人才流动，科研人员的平均待遇并不高，通过激励提升科研事业，实现人才队伍建设。这样，从先进院流出去的人就会较容易进入内地一些工资待遇较高的研究所，他们在当地属于高收入人群，研究所内的人才向企业界外溢的难度会增大，因此鲜少流动。"吴创之说。

先进院人才队伍是以年轻海归人才为主，他们在先进院平台上经过一段时间发展后会逐渐分化为三类：第一类是喜欢做基础研究的，从先进院离开后会选择到大学当教师；第二类是在国外已有比较好的专业基础或者向往创业，这些海归即使入职先进院也只是暂时过渡，过几年也会离职；第三类是一心想做产业化的科研人才，在国外已经有一定的科研积累，针对这部分海归人才，先进院的管理制度是非常周到的，有专门部门帮助他们将成果进行落地转化，所以他们不仅入职先进院，而且扎根先进院，一边做科研，一边做产业化，工作会越来越出色。

吴创之认为，先进院的自身定位和管理机制都符合人才结构的需求，因此有利于促进人才的良性流动。而且，樊建平院长拥有丰富的经营管理经验，做得很务实，包括对团队的考核、人才的激励和培养、成果转化的促进、创新生态的培育，都具有企业化运作的特点，确保了先进院的运行体系先进而高效。

人才流动了平台才有活力

正所谓"流水不腐，户枢不蠹"。汪瑞认为，人才流动是好事，如此，平台才有活力。对于个人来说，人才流动能让不适应先进院文化与管理模式的人尽早找到更适合自身的平台与发展机会。因此，它对先进院保持活力大有裨益。

另外，先进院实行"基本工资＋岗位津贴＋绩效奖励"的三元结构的工资制，侧重产业化指标评价，引导科研人才流动到产业化岗位。三元结构工资制有利于鼓励创新人才将创新意识集中到产业化的困难环节，加速科技成果的产业化转移。从先进院走出去的创业者苏少博就是一个典型。2010年，苏少博从中国科学技术大学博士毕业，进入深圳先进院工作。当时，山西省跟先进院有一个合作协议，希望引进高新技术项目去山西省落地，作为山西人的苏少博被派到山西对接项目合作。为了更好地实现抗体项目的产业化，苏少博注册瑞亚力科技公司，走上了创业之路。2017年12月，深圳先进院与该公司、阳城县人民政府共同宣布成立"中国科学院深圳先进技术研究院山西瑞亚力阳城科技产业园生物技术联合实验室"。实践证明，联合实验室对促进先进院成果产业化也很有帮助。先进院赵江林博士研发的"微液滴生成油"项目已经产生销售额，该技术既可以根据客户对检测项的需求提供芯片定制服务，还能研制成微液滴生成仪，填补了国内空白，深受用户青睐。如今，创业渐入佳境的苏少博被先进院返聘为客座教授。

2021年11月25日，成立仅半年的深圳市勃望初芯半导体科技有限公司在全球5个国家和地区的1566个参赛项目中脱颖而出，获得南山区"创业之星"大赛生物医药行业成长企业组一等奖、总决赛一等奖两个奖项，成为当晚最闪耀的"双料冠军"。勃望初芯创始人、董事长吴天准博士曾是先进院人造视网膜广东省创新团队常务负责人。通过多年跨界融合、艰苦奋斗和长期坚持，吴天准整合各方资源，逐渐闯出了"芯片＋医疗"的新赛道。他发现，将技术平台的价值与某个细分领域的收益相比，前者更重要也更持久，通过医疗芯片技术平台，不仅可以做人造视网膜，还可以做其他神经调控、先进的单分子体外诊断等。基于这一发现，2018年他开始创办公司，踏上技术平台产业化的道路。先进院以22项专利作价入股，由吴天准团队主导成立了深圳市中科先见医疗科技有限公司，致力于"芯片

+ 医疗"的核心技术产业化及生态构建。2021 年 3 月，该公司分拆其半导体部门，成立子公司，即深圳市勃望初芯半导体科技有限公司，致力于医疗级"IC+MEMS"的创新技术研发和服务，成为国内极少数将医疗、IC、MEMS 和特种封装集成实现跨界结合的创新型科技企业。

2021 年 7 月，深圳市乾行达科技有限公司（以下简称"乾行达"）成功入选第三批"小巨人"企业，同年 8 月入选第三批国家级重点专精特新"小巨人"企业。乾行达创始人罗昌杰博士曾是深圳先进院的一名科研人员。2015 年 3 月，他在位于深圳市宝安区沙井街道的创业孵化基地注册成立乾行达，该公司始终专注"空天科技 + 交通安全"领域的安全防护技术，以国际领先为目标，相继打破多个国外产品的技术垄断。2020 年，公司完成了 A 轮融资，获得招商局资本、深圳高新投等投资。获评国家级专精特新重点"小巨人"企业，标志着乾行达在围绕国家重点产业链开展关键基础技术和产品的产业化攻关上迈出坚实的一大步。

像苏少博、吴天准、罗昌杰、宋亮这些走上创业道路的先进院科研人员，不胜枚举。他们创办的企业具有团队成员学历高、技术含量高、发展潜力大等显著特点，是粤港澳大湾区创业大军中的一支生力军。

樊建平曾在"中国加入 APEC 三十周年工商界主题活动暨 2021 年 APEC 工商领导人中国论坛"上发表演讲，表示研究机构向社会输送人才是最好的成果转化方式，大学和科研机构不应该和企业争人才。15 年来，先进院陆续向社会输送人才 1.3 万人，这些人大约创立了 450 家企业，也为区域经济社会的发展作出了很大的贡献。

【案例链接】宋亮：从深圳先进院走出来的创业"新星"

2022 年 7 月，深圳北芯生命科技股份有限公司（以下简称"北芯生命科技"）自主研发生产的血管内超声 IVUS 诊断系统获得国家药监局 Ⅲ 类医疗器械注册证。这不仅是我国首个自主研发的 60 兆赫高清 IVUS 产品，也是目前全球成像速度最快的 IVUS 产品。它通过导管技术将微型超声探头送入血管，再通过高密度螺旋扫描，可以清晰获得整个血管内腔和管壁的横断面图像，进而直观地帮助心血管介入医生全面准确地诊断血管病变的结构和性质，指导介入治疗的精准实施，对治疗结果进行更为充分的评估。IVUS 与血流储备分数（FFR）测量技术一起，构成了指导实现当代冠心病临床介入（PCI）精准化治疗的两大核心技术。

北芯生命科技的创始人、董事长宋亮是一名从深圳先进院走出来的创业"新星"。他在产业化道路上走得意气风发，不仅推出了首个国产 FFR 测量产品、全球成像速度最快的 IVUS 产品，而且获得德诚资本、红杉资本中国基金、国投创合等著名投资机构的多轮投资。

1. 海归博士投身科研事业

2011 年 2 月，宋亮从美国回到国内，第一站就来到深圳先进院。

他拥有美国华盛顿大学生物医学工程博士学位，虽然已获得一个去哈佛大学继续开展研究的机会，但他还是选择了深圳先进院。回忆当年所做的决定，宋亮说："有两个关键原因吸引我来到先进院，一是樊建平院长要把先进院建设成世界一流的工研院，我很希望能有机会实现科技成果转化，用开展的生物医学研究结果造福患者；二是先进院吸引人才的体制机制非常灵活，比如，我没有做过博士后研究，博士毕业就成为独立的学术领头人，独立带团队，开展研究工作。"

他怀抱着激情与梦想，加盟深圳先进院，也得到先进院吕建成副院长、郑海荣副院长的大力支持。经过两三年，在医工所建立了生物医学光学研究室。

"深受导师、美国工程院院士汪立宏教授的影响，毕业后我就一直想找到医学光声成像技术的临床应用场景，因此，我们团队与超声科、消化科、心血管科医生展开合作，在几个领域做了一些临床转化的探索，包括光声成像在血管内成像的应用，以及将消化道光声成像系统做到活体动物身上的实验。"宋亮的科研工作做得很出色，先后主持国家自然科学基金国家重大科研仪器研制项目、科技部国际合作、科技部"数字诊疗装备研发"重点专项等20余个科研项目，在国际核心期刊发表论文超过80篇。

2. 为解决临床需求决定创业

虽然在先进院工作5年期间做出不少科研成果，可这些并不是宋亮最想要的，他梦寐以求的是将生物医学工程技术服务于临床。

在与医院合作的过程中，他生发出"倒着思考"的念头：临床医生是如何想的？他们最需要解决的问题是什么？采用哪些手段可以实现这些目标？

如果这样倒着思考，就不再局限于自己过去所在的研究领域，而是更全面、更立体地思考解决痛点的方法。他意识到产业化道路上的关键环节，而且经常带着问题跟临床医生沟通，最终锁定了一个真实的临床需求。

冠心病是全球死亡率最高的疾病之一，PCI是较常见的冠心病治疗方式。精准诊疗对医疗系统的效率提升具有重要意义，而FFR正是精准诊断冠状动脉狭窄功能性心肌缺血的金标准。通过FFR测量，医生可以从功能学的角度准确识别引起心肌缺血、有功能意义的狭窄病灶，从而为医生提供关键决策信息，选择对患者最佳的治疗方案。国际顶尖医学期刊《新英格兰医学学报》发表的多个大型随机对照研究显示，与传统冠脉造影指导PCI治疗相比，FFR指导PCI治疗可以使患者的死亡率、心梗等急性心血管疾病发生率下降超过30%，而且能大幅节省医疗开支。经临床推荐指南和专家评估，FFR被广泛采纳为全球公认的诊断心肌缺血和指导PCI治疗的金标准；IVUS是指导PCI治疗的必要工具，可大幅缓解患者的临床症状，得到了中国、美国、欧洲的临床推荐。

创业初期，宋亮曾对媒体介绍："从全球范围看，FFR在临床中广泛使用是大势所趋，但国内医院并没有广泛使用FFR，很重要的一个原因是中国医生反映FFR测量工具不好用，这个技术特别有必要进行改进。如果解决了这个技术痛点，市场需求是无比巨大的。"他强调，这是一个真实的临床需求，只要有一个好的技术解决方案，就一定可以获得临床认可。

2016年3月，宋亮向深圳先进院提出停薪留职，开始了自己的创业生涯。他联合医疗产业界资深人士共同创办深圳北芯生命科技有限公司，率先研发出国际上第一个基于MEMS传感器的快速交换FFR压力微导管，并由葛均波院士牵头完成多中心临床试验，研究结果在欧洲心血管介入会议（EuroPCR 2020）发布，并入选美国心脏病学会年会（ACC 2020）国际会议报告。产品获欧盟Ⅲ类医疗器械认证和我国国家药品监督管理局Ⅲ类医疗器械注册证，成为首个获批准的国产金标准FFR测量产品，为精准PCI决策带来临床变革。国家药监局评价，"该产品属于国际领先、国内首创，填补了我国在金标准血流储备分数测量技术领域的空白"。

2022年4月和7月，性能极致、比肩国际最高水准的微导管产品组合，以及我国首个自主创新60兆赫高速血管内超声产品相继取得国家药监局Ⅲ类医疗器械注册证，至此，北芯生命科技的FFR、IVUS和微导管产品组合形成了PCI一站式解决方案。与此同时，北芯生命科技继续进军房颤治疗等新兴领域，以创新的解决方案领航心血管治疗精准介入。

根据《中国心血管病报告2021》，我国心血管病患病率及死亡率仍处于上升阶段，2021年冠心病患者达到1139万人，采用冠状动脉介入性治疗的病例高达 116.4 万例，同比增长了 20.18%，中国作为全球 PCI 第一大国，FFR 测量技术、IVUS 的使用率每年呈翻倍的增长趋势。

3. 硬科技成资本市场的宠儿

除了拥有强大的研发团队，北芯生命科技的质量体系团队、生产团队都是从公司设立初始就逐步完善的，已实现在高标准的质量体系、严谨的生产流程中规范、高效地运营。截至目前，北芯生命科技已累计申请各项专利 200 件，拥有 4 个独立用于核心产品生产的生产厂房，包括 3 个万级质量管理规范（GMP）洁净车间。

2021 年 7 月，深圳北芯生命科技股份有限公司完成 D 轮融资。一路走来，先后得到德诚资本、红杉资本中国基金、国投创合、启明创投、博裕资本、夏尔巴投资等知名投资机构的支持。

为何境内外投资巨擘不约而同地青睐北芯科技？宋亮说："第一，我们做的这件事情本身有临床价值，有产业化的意义，公司的战略方向背后有真实的价值需求。围绕冠心病、房颤、外周血管疾病等心血管疾病的临床需求痛点，北芯生命科技在 FFR、IVUS、微导管产品组合等完整的冠脉精准介入创新技术上进行布局，这些都是填补国内空白的创新技术，具有真实性。第二，我们的产品方向有较高的技术壁垒，不易简单模仿。第三，我们团队的优势也很明显，矢志'用创新和品质改善生命健康'，'成为有长久影响力的世界级医疗科技企业'。该愿景凝聚了五百余名海内外优秀产业人才，完整覆盖高性能、高壁垒Ⅲ类介入医疗器械研发、临床、注册、质量管理的创新和产品实现体系，聚集了高性能医疗电子软硬件、微纳器件设计、高分子材料加工组装等核心技术领域 500 多名高端人才及核心研发团队。相信正是基于这三点，才得以吸引了国内外知名的投资机构。"

硬科技成为资本市场的宠儿，资本的注入让北芯生命科技如虎添翼。北芯生命科技搭建了以技术驱动和市场导向为基础的介入导管、微纳器件、高性能医疗电子软件及硬件三大核心底层平台，与国内顶尖医院及海内外知名心血管专家建立长期合作关系，将持续为前沿技术、临床需求转化提供原动力和解决方案。

2020年6月，北芯FFR测量系统面市发布会在复旦大学附属中山医院礼堂召开；2022年8月，北芯IVUS及微导管产品组合上市会于第四届"儒道心学"国际心血管病学会议期间召开。北芯生命科技聚焦高端医疗科技领域自主研发创新产品，逐渐成长为心血管精准介入解决方案的领航者。

第七章　财务管理：集中力量办大事

先进院从创立之初就采取"大河资金"的管理模式，希望集中力量办大事，这是先进院为了生存下来的一个现实选择。如今，先进院形成了以竞争性资金为主的多渠道筹资方式，固定拨款只占总收入的 10%。

深圳先进院财务总监李广林介绍："作为一个新型科研机构，如何在深圳这片热土上给国家做贡献，怎样起引领示范作用？基于这个前提及角度，做好财务工作是非常重要的一个环节。近 5 年，面对'为发展而谋'这个新课题，我们除了不断完善并强力实施资金集中管理外，也对财务管理提出了更高的要求，以实现精细化管理为指导，引入成本效益的管理机制，实施全成本核算的管理模式。它们在绩效考核中起到了很好的导向作用，为先进院的快速稳健发展保驾护航。"

"大河管理"：为深圳先进院储备发展资金

传统的科研机构属于事业单位，理论上是没有自有资金的，都是将国家的定向拨款作为研究院科研任务的唯一资金来源。即在传统科研机构，财务管理创新是受约束的，只能围绕完成国家任务确定工作目标。那么，如何才能确保先进院有更好的发展呢？先进院院长樊建平认为，资金的集中管理不仅是必要的，而且是更为重要的手段，要为办大事积聚宝贵的资金。

从财务管理理论讲，资金管理有两种模式，一种是集权式集中管理，另一种是分权式分散管理。先进院选择了集权式集中管理的模式。"我们采取资金的'大河管理'模式，好比筑起了一个大坝，把分散的、零星的资金聚集起来，建立起一个资金池，为先进院的科研整体布局，支持先进院事业发展的需要。世界上发展得比较好的集团都在资金管理上采用了资金集中管理模式，先进院的创院班子把这种先进的管理理念和方法引入科研机构，成就我们的管理机制。"李广林介绍，先进院财务处按照国家法律法规的要求，结合先进院的战略发展规划和目标任务，以及自身经济资源状况，提出经济资源的统筹规划，并且合理争取资源和配置优化资源。资金集中度非常好，通过合理调配，每年大概自有资金会比较充裕。有了这个指导思想，再全方位、全过程、全覆盖地推动绩效管理。

资金集中管理的好处是什么呢？李广林说，院里集中经费有利于培育相对优秀的团队和布局新的研究方向，规划建设一些实验室等必要的科研平台，为发展新的科研方向打下基础。比如，先进院看准了碳中和属于国家战略发展方向，就有能力筹备成立碳中和研究所。

国内的科研单位都会从科研项目经费中提取一定比例的管理费，导致科研人员怨气较大，因为收取管理费可能会造成项目无法结题，后果很严重。但先进院科研团队对管理费的缴纳一般没有很大怨言，是因为深圳先进院的财务机制比较合理。创院早期院里收取的管理费比例是22.5%，后来调整为给院里交15%，另外7.5%留给研究中心，用来支付水电费和房租等费用，这就不会直接影响项目的结题。在2021年底的年终总结上，李广林底气十足地说："由于院里不断优化费用使用管理和分摊力度，运行经费应收尽收，2021年首次实现运行经费全员无赤字。"不仅院里的资金储备越来越富足，而且让每个科研人员都能科学合理地做好财务规划，既可以争取到项目，还能保质保量完成项目。

实践证明，先进院采取集中管理财务的策略是非常明智、富有远见之举。这种财务集中管理的模式有利于提供全面、系统的基本资料数据；有利于建立资金高位和低位预警机制，及时反映科研项目经费的存量；有利于积累历史统计资料，为开展分析研究工作打下基础。

财务管理：管理费比例合理吗？

中国科学院传统的财务管理方法被称作"蜂窝煤式"管理，各个研究所依托编制管理财务，比较简单和粗线条。一般来说，课题组掌握的资金较多，研究所的资金较少，有一个形象的说法是"穷庙富方丈"。

有过企业经营管理经验的樊建平对"蜂窝煤式"管理所存在的问题心知肚明，如果研究所掌握的资金很有限，那么想发展新的科研是做不到的，因此必须要预留一部分资金在手上，才能让先进院发展得更顺当。比如一些新的研究单元，可能需要度过两三年的培育期，才能做出科研成果，才有正向的收入，那么新团队培育期的费用就需要院里承担。先进院创始班子统一认识，决心从创建之初就改变"蜂窝煤式"的管理方法。

那么，院里对科研团队的管理费收取多少才最合理呢？樊建平回忆道："我们去美国的各个大学招人，也看到了很多美国高校的做法，有的甚至把管理费收到60%，也就是老师拿回来一块钱，学校要从老师身上拿走6毛，给老师留4毛。所以，我们经过多番商讨，决定扣除22.5%的管理费，用于院里对科研经费的总体调控，培育相对优秀的团队，辅助他们度过培育期。"先进院至今仍执行的管理费收取额度，依据是2006年经共建三方领导小组通过的《管理通则》，《管理通则》规定：22.5%包括15%的院级管理费、7.5%的所级管理费。也就是研究中心获批的科研项目经费需要计缴22.5%的管理费，院里会加强对科研经费的调控，辅助相对优秀的团队度过 2 ~ 3 年的培育期。

2008 年，国内经济发展受到全球金融风暴的影响，那时先进院从产业界获得的横向经费较少，来自中央、地方财政的纵向科研经费较多，22.5% 的比例超出了纵向规定的间接经费比例上限，这个标准给管理部门与团队造成了一定困难。

先进院财务处副处长蔡丹静曾见证了 2008—2011 年管理费收取的过程。她说："将财务数据列为量化考核的内容，能够足额上缴 22.5% 管理费的研究中心占比不到三成，该现象让院领导重新思考，如何才能既适应科研材料、人力等成本的不断上涨的现实情况，还能减轻科研团队负担，充分调动他们的积极性。经过充分调研后，2014 年，先进院将管理费的收取比例调整为 15%。"

与此同时，李广林带领财务部门工作人员再次梳理制度，摸清家底，并拟定和修订了科研经费管理制度、借款支付报销制度、差旅费管理制度 3 个制度，在围绕总体管理目标控制的前提下做出了"减负"的举措，进一步放权加大基层单元的调控度，适当放宽了经费的报销限制。

蔡丹静说："执行 15% 的管理费收取新标准后，课题经费中超出新标准的间接经费预算额度返还给科研团队，用于房屋使用及水、电、气、暖消耗等支出，这一新规定得到科研团队的大力支持，在后续收取管理费的过程当中也很顺利，提升了科研团队承担项目的积极性。"

财务精细化管理促进业务协同发展

李广林介绍，除了建立资金池，先进院还有三个实现精细化管理的"撒手锏"。一是做好预算规划。过去很长一段时间，国内事业单位大多是没有全面预算的，而随着发展的需要，先进院不断完善预算管理机制，实行内部预算管理，从年初就有个预算规划，而且预算的约束性很强，属于刚性约束，这就做到了财务的精细化管理。

二是全成本核算。按团队进行考核，算到每个研究中心、每个科研人员。钱花到哪里去了？投入了多少？节余了多少？发了多少工资？占用多大的面积办公？每笔钱都花得明明白白，到年底就按全成本核算来评价一个团队的绩效。

三是引入成本效益管理机制。2016 年开始，先进院财务处在全院推行"成本效益"概念，多少人、花多少钱、产出了多少科研成果，算得清清楚楚。如果不考虑成本，就是粗放的管理，引入了成本效益管理，才能让科研管理更高效。

科研人员如何才能合理合规地使用好资金呢？李广林说，财务部门的作用是当好参谋，促进业务部门的发展，帮助科研人员用好资金，除了宣传政策、做好规划，还要帮助科研人员把申报时的财务规划和结题时的验收结合起来，帮助他们做好项目实施过程的资金管理。传统会计的工作职责就是记账、算账、报账，但管理会计就要考虑到成本绩效和政策因素，给科研人员当好参谋，确实发挥好参谋作用。

服务在管理之前，管理在服务之中

随着国家、省、市各类经费管理办法的不断出台和修订，先进院贯彻落实相关文件精神，认真做好承接工作，在落实"放、管、服"的大背景下，做到"接得住""管得好"。先进院原副院长许建国表示，财务管理也是先进院平台所提供的支撑服务中一个重要组成部分，既能够把最新的经费管理政策宣传到课题组，从预算编制源头落实政策，又能及时发现项目执行过程中存在的问题及困难，把问题化解在平时，保障资金安全，为项目顺利结题打下基础。

因此，集中管理财务并不是简单粗暴地收取管理费，而是把"服务在管理之前，管理在服务之中"的理念贯穿在财务工作中，推出多项举措，通过"VIP服务"和"秘书桥"的模式，在科研项目的预算管理、资金使用、结题验收等方面提供有力的咨询服务、政策引导、数据支持。

先进院财务部门推出"VIP服务"始于2013年。先进院收取22.5%的管理费遇到了一些阻碍，而且项目预算执行中确实存在实际困难，即预算编制与执行出现了脱节情况。蔡丹静说，为了帮助研究中心做好预算编制和执行的工作，财务人员上门给科研团队负责人宣贯政策，通过财务前期数据分析和对政策的把握，尽最大可能帮助科研人员协调预算与资金使用的矛盾。随着国家经费管理政策的不断放宽，特别是《国务院关于改进加强中央财政科研项目和资金管理的若干意见》发布以后，"VIP服务"模式也随之发生了改变，从以顺利结题验收为目的的服务转变到全过程参与及指导预算编制，从源头做好控制，规范资金使用，保障顺利结题验收，切实落实文件精神，从"接得住"逐步过渡到"管得好"。

从2013年至2021年，每年"VIP服务"都会新增服务举措，它作为科研项目管理的标杆服务已深入科研项目预算编制、资金使用、结题验收的全过程。由于送政策上门并配有非常专业的服务手段，先进院科研人员对财务部门的"VIP服务"满意率达到100%。2021年，财务处举办的专题培训达29场次，实现研究所整体VIP服务全覆盖。

据介绍，先进院集中管理财务策略主要包括推进集中管理、健全协作机制、运营盘活资产、完善内部控制，以财务管理为重心进行信息系统规划，树立以财务信息化管理为核心的管理理念，推进财务系统信息化建设，实行全成本独立核算。不断增强科研经费管理办法的可操作性，完善先进院的具体科研经费管理办法、财务制度，从严规定科研经费的列支范围和列支标准。同时，在实际操作过程中建立资产管理岗位责任制，层层落实资产管理制度，定期清查，防止国有资产流失。加强预算与经费使用管理举措，与考核挂钩机制，通过全面实施预算绩效管理，推进预算绩效管理规范化、整体化、公开化建设，提升财政资源配置效率，做好经营性国有资产的保值增值。

樊建平心里，有一个十分清晰的观点，既然要为长远发展而谋，那"经济账"就不得不仔细算好。深圳正处于从工业化向创新经济转型的上升过程，地区生产总值从 2006 年的约 5000 亿人民币，到 2021 年超过 30000 亿元，增长了 5 倍，科研投入也随之大幅增加。随着经济的高速发展，深圳需要有更多的与新兴产业相关的科研成果源源不断地供给，先进院恰恰抓住了这样一个千载难逢的历史机遇。在人才队伍引进上，深圳先进院从最初的集成所和医工所，逐渐发展出了数字所、医药所、脑所、合成所、材料所、碳中和所等多个研究所。在资金方面，先进院每年从国家、省、市获得的科研资金也逐年攀升，2021 年度新增合同金额 29.3 亿元，现金到账 22.74 亿元，与 2020 年度合同金额 23.02 亿元、现金到账 17.51 亿元相比，分别提升了 27.3% 和 29.9%。由此可见，在该财务管理模式下，先进院拥有相当的资金储备，形成良性循环，不断设立新的研究所、新的研究中心，该财务管理体系符合支撑科研良性发展的需求。

第八章 设施平台高效运转的秘诀

　　我国科学技术的发展日新月异，科研机构的仪器设备平台建设也与时俱进。作为科研事业活动长远发展的支撑条件，先进的仪器设备平台建设过程中涉及的机制管理、建设理念和社会价值是全面衡量一个科研机构科研实力的必要指标。

　　深圳先进院支撑平台处处长罗茜介绍，作为深圳首个国家级科研机构，不论对设备的使用和管理，还是延展服务、支撑产业发展，深圳先进院都面临着新的挑战。15 年来，先进院建设了高水平公共技术支撑平台，组建了一支高水平技术支撑队伍，发挥出了支撑科研、协同创新的作用，还通过资源开放共享，有力地服务社会和支撑产业发展。

设备平台建设分为三个阶段

　　科研平台的建设和能力水平与高精尖端科研设备密切相关，为了建设一流的工业研究院，深圳先进院对科研仪器的定位和管理与时俱进。过去 15 年，先进院在大型仪器设备建设发展方面可分为 3 个阶段：

　　第一个阶段是 2006 年到 2011 年的初创建设期。在学科没有形成规模化发展前，对场地和 1308 台设备仪器设备进行基本的使用和维护管理，没有形成规模化科研平台，也没有完全实现开放共享的机制。此期间购置单价最高的设备是西门子 MRI 3.0T 核磁共振成像系统，它们为先进院早期的学科发展和科研工作提供了有力支撑。

第二个阶段是 2012 年到 2018 年的健全发展期。从建设计算机和集成技术等以电子信息为主的研究所，到生命科学和材料化学的生物医药与技术研究所的陆续成立，生物、化学与材料类的仪器设备的需求体量增大，先进院对仪器设备开始进行平台化和制度化管理，配置了 4229 台设备，总值为 3.227 亿元。尤其是当脑所、合成所分别成立后，仪器设备的建设进入高速发展期，科研设备初步形成系统化的学科体系。在与产业界的不断沟通和联系过程中，先进院开始主动承担起科研设备开放共享和服务社会的责任。

第三个阶段是 2019 年至今的统筹爆发期。深圳先进院牵头建设了合成生物大设施和脑解析与脑模拟重大科技基础设施，把科研平台的功能进一步提升。如根据科研任务和产业需求把现有的、分散的、新增的和研制的仪器设备有机组合在一起，共有 8926 台、总价值 7.135 亿元的仪器设备服务于多学科的科研和应用，包括设计学习平台、用户检测平台和合成设计平台，三者互相循环，形成一个大型、复杂的系统性科研平台。

先进院科研处副处长谢泽鑫介绍，先进院抓住了深圳市加强源头创新布局的机会，所以有机会牵头建设合成生物大设施和脑解析与脑模拟重大科技基础设施。

科研仪器设备是科研单位从事科学研究的物质基础，对仪器设备的管理水平会影响科研项目的顺利进行。有效管理可以显著提高仪器设备使用寿命和功能，也能够有效避免错误操作造成的损失。为了建设和使用好大设施，先进院做了大量的工作，一方面构建高标准的人才队伍，另一方面出台相关制度，比如对采购、验收、开放共享、维修保养等有明确的规定。如今，这两大科技基础设施正在紧锣密鼓地施工建设中。

　　"统筹规划、集中管理、开放共享、有偿服务"是先进院对仪器设备管理的原则。要实现开放共享，首先必须进行分类管理，划分出大型通用设备和各个学科的专用设备。大型通用设备包括价值 50 万元以上的大型设备、通用型仪器设备和相关辅助设备，必须进行集中管理，提高使用效率；而学科专用设备虽然不集中管理，但鼓励纳入共享使用体系。

　　支撑平台处分析测试中心依托全院科技资源，负责统筹管理通用性强的大型设备。为保障先进院各项科研工作和规划的顺利实施，2019 年技术平台重新整合优化院内仪器，重点建设生物成像、生物与化学分析、材料分析、实验动物平台四大平台，涉及高端医学影像在内的 10 个科研方向。

　　先进院对设备的管理体现出规范化、全周期、高效率的特点，在安装验收、使用管理、维护维修、入网管理等方面均有明确的规章制度。为了更好地实现内部仪器共享，先进院采用刷卡器实现科研仪器的网络化管理，有仪器使用权限的用户可以在预约时间内刷卡（工牌）上线和下线，其间刷卡器会自动记录用户信息和使用时长，并上传至管理系统。根据先进院学科多、设备多和人员多的特点，仪器使用完成后必须在仪器使用登记本上做人工补录，一旦出现问题可以追责和反思，确保仪器得到及时维护。

　　为了推动大型仪器设备共享管理，先进院出台了《大型仪器设备共享管理制度》《开放共享管理暂行办法》等，规定将内部共享设备收益的 50% ~ 70% 回馈给研究中心，对外测试收益的 10% 给予仪器测试工程师，将内部测试收入的 25%、院外收费的 30% 用于设备维修和保养。这一套制度有效推动了大型仪器设备的高效共享和科学管理。

打造一流动物实验室

　　赴国外著名高校招揽生命科学方向的人才的时候，先进院人资处老师一般会被问到两个问题，一是"是否有实验动物平台"，二是"是否拥有对动物进行活体成像的专业系统"。

针对上述两个问题，先进院人资处老师的回答无疑是很棒的，因为先进院拥有一流的动物实验室和国内颇有特色的成像设备平台。

罗茜介绍："越前沿越交叉的研究工作越需要精密和先进的设备，比如国际和国内学术期刊对实验动物品系、饲养环境以及伦理证明等环节都有严格的要求。"先进院作为深圳首个国家级科研机构，不仅在科研设备平台的建设上不遗余力，对动物实验室的管理也是国际一流的。最新的实验动物平台包括 3928 平方米的动物设施，可饲养大小鼠 6000 笼、兔 / 豚鼠 80 笼、非人灵长类 350 笼。2021 年，该实验动物平台服务了 28 个研究中心，超过 100 个 PI 课题组，约 600 名实验人员。截至 2021 年 12 月初，先进院对动物实验审查伦理总量达到 1150 份。

先进院支撑平台处下设的生物成像分析平台是华南地区一流的多模态、跨尺度动物生物影像平台，由多台生物光学成像仪器和高端影像仪器组成，配备有深圳地区首台 9.4T 30 超高场动物磁共振成像系统设备。磁共振具有可无损、高清获得人体全身组织形态、功能、代谢等多水平信息的特点，对血管、神经等功能成像以及软组织高分辨率都是其他影像方式不可比拟的，应用领域跨越宏观、介观、微观，已成为最重要的疾病诊断及研究工具之一。

罗茜进一步介绍了先进院购置 9.4T 30 超高场动物磁共振成像系统设备的过程。他们经过严格和充分论证，调研了国内外已有商业产品的使用情况（即高场升场能力）和维修维保水平，决定采购武汉联影生命科学仪器有限公司生产的国产设备。事实证明当时的选择是正确的，因为受新冠疫情的影响，国外仪器厂工人缺岗，造成磁共振设备的稳定性差、返修率高，而国产的 9.4T 30 超高场动物磁共振成像系统设备得到厂家的技术支持，顺利安装测试，并按计划很快投入了使用。

鲜有人知的是，先进院在建设一流动物实验室的过程中，经历过一次脱胎换骨的改革。2016年，先进院科研水平和人才引进迈入蓬勃发展期，筹建脑所和合成所对动物平台、实验场地和仪器设备具有特别要求，需要短期内建成国际一流的合成生物学设施平台。而科研处一名副处长还是按照之前的工作节奏开展工作，新规划的5000平方米实验室建设拖了半年多还迟迟未能开工。当时，樊建平院长敏锐地看到脑科学和合成生物学研究处于井喷期前夜，需要迅速大量招揽科研人才，实验平台和实验动物都要提前规划和建设，他对这位副处长做了调岗处理，将副研究员罗茜火速调到该处任负责人。罗茜是香港浸会大学分析化学专业博士毕业，熟悉科研仪器的使用和科研平台的搭建，她从科研人员的需求出发，以更快的节奏、更新的方法组织实验室的装修和平台建设工作。比如，过去常规的实验室都是独立的小隔间形式，麻雀虽小五脏俱全；现在一个平层就是一个大实验室，按照生物学科研究的功能划分，能最大限度地使用实验场地和共享设备，科研人员到岗后可在开放式实验平台迅速开展科研工作。非灵长类动物是脑科学的实验工具，先进院不仅在短短3个月内装修好猴子饲养区，并且在脑所推动下顺利通过国际实验动物评估和认证协会（AAALAC）认证。该协会1965年成立于美国，是一家非营利性国际认证机构，主要致力于实验动物管理与使用的评估和认证，以达到研究过程中维护动物福利、保障人员安全的目的。该认证已成为实验动物质量、福利和生物安全的象征，是衡量国际前沿生物医学研究的质量指标，并成为参与国际交流、科研合作和竞争的重要基础条件。这是深圳目前唯一的非人灵长类动物研究平台，为先进院吸引更多高端科研人员开展脑科学研究提供了国际一流的实验平台。

罗茜说："先进院发展速度特别快，设施平台建设工作要跟得上旺盛的科研需求，樊建平院长有判断学科方向的敏锐嗅觉，也有当机立断的雷霆手段，保障了先进院科研事业高速发展的态势。我们作为科研实验平台的建设和管理者，以满足科研人员研究需求为目标，不遗余力地梳理和简化流程，进行一系列制度建设。"事实证明，先进院平台建设团队的举措效果明显，有力地保障了新的学科方向快速发展，也迎来了合成生物大设施和脑设施的建设任务。

揭开神秘"造物工厂"的面纱

2022年3月，先进院南沙所所长袁海被任命为深圳合成生物研究重大科技基础设施（以下简称"合成生物大设施"）总经理。在此之前，他已经担任合成生物大设施总工程师一年多时间，负责牵头开发建设工作。

站在深圳光明科学城合成生物大设施园区的建筑工地上，袁海介绍着该设施的总目标："建设基于信息技术与生物技术相融合，通过信息互联和设备物联构建的高通量、自动化、标准化的合成生物研究装置，总结适用于自动化、高通量设备平台的标准化实验方法、算法和流程，推动合成生物研究过程和工作流程的标准化。建立合成生物系统，建立计量学及合成生物工程流量的综合地图，揭示人工生物系统的设计与合成原理，实现可预测的设计合成生命体，推动我国合成生物研究达到国际领先水平。"

合成生物学有诸多优势，能利用大肠杆菌生产大宗化工材料，摆脱石油原料的束缚；能利用酵母菌生产青蒿酸和稀有人参皂苷，降低成本，促进新药研发；不"误伤"正常细胞，靶向锁定癌细胞；能创制载有人工基因组的"人造细胞"，探究生命进化之路；可利用DNA储存数据信息，开发生物计算机……作为科学界的新宠，合成生物学进展迅速，已在化工、能源、材料、农业、医药、环境、健康等领域展现出广阔的应用前景。

合成生物学被誉为"改变未来的科技"，受到我国政府的高度重视。《国家重大科技基础设施建设中长期规划（2012—2030年）》提出探索合成生物学研究设施建设，破解改造和设计生命等科学问题。

深圳市率先以地方政府投资的模式响应国家号召，于2017年2月启动"合成生物研究重大科技基础设施"筹建工作。经过3年多的设计、规划、论证，2020年8月获得深圳市正式批复，计划于2023年底试运营与验收，将成为我国首个拥有自主知识产权的大型规模化合成生物研究科技基础设施。深圳先进院作为承担单位于2017年成立了国内第一个合成生物学研究所，组建了一支拥有50多个课题组、员工近千人的前沿创新队伍，已成为全球合成生物学领域的重要力量，能够很好地支撑国家重大科技基础设施建设与运营。

合成生物学与信息技术和自动化技术的结合，有望开启生物技术与信息技术融合的颠覆性领域，已成为各国科技竞争焦点。2019年，美国、英国、中国等8个国家的16所机构联合发起成立"国际合成生物设施联盟"（Global Biofoundry Alliance，以下简称GBA），旨在加强协作沟通，制定国际标准。其中，深圳合成生物大设施是我国唯一在建的设施代表。

目前，美国在自动化合成生物研究方面具有先发优势。伊利诺伊大学香槟分校累计获得美国国防部及能源部、美国卫生研究院和美国国家科学基金会超过2亿美元投资，建成全球首个自动合成生物功能岛；美国Amyris公司、Ginkgo Bioworks公司、Zymergen公司等累计获得超过10亿美元风险投资，进行自动化合成生物研发。近年来，我国天津大学、中科院天津工业生物技术研究所等机构相继建设了高通量生物实验装置，但均需依赖进口设备与集成方案。

袁海介绍，国内外合成生物自动化装置目前主要处在概念验证阶段，即基于少数孤立功能岛实现部分流程的自动化与半自动化运行。需要通

过顶层设计与系统工程，突破集成规模和自动化程度的技术瓶颈，全面
建设自动化、智能化、信息化的合成生物科技基础设施。更为紧迫的是，
合成生物自动化集成系统、高端仪器装备及部分试剂耗材等核心技术由
Thermo、Danaher 等外国公司掌控，存在重大"卡脖子"风险。

深圳合成生物大设施以全流程自动化为特色，建成后将成为全球首个
规模最大、自动化水平最高、应用范围最齐全的合成生物科技基础设施，
对引领我国合成生物学前沿探索，推动生物技术产业集群实现跨越式发展
具有重大意义。

合成生物大设施将围绕合成生物学基础研究，把自动化工业的智能制
造理念引入合成生物学研究，基于智能化、自动化及高通量设备，结合设
计软件与机器学习，快速、低成本、多循环地完成"设计—构建—测试—
学习"式的人工生命体理性设计。

随着袁海的娓娓道来，这一"造物工厂"揭开了神秘的面纱。设施项
目一期重点建设"设计学习""合成测试"和"用户检测"三大平台，二期
拟建设"医学合成生物学"平台。主要由"设计学习"平台组成的数字世
界和由"合成测试""用户检测"平台构成的物理世界两部分组成，是我国
首个整合软件控制、硬件设备、测试反馈和合成生物学应用的大型规模化
智能合成生物制造系统，将实现全流程的高度集成和全自动化生物制造。

"设计学习"平台主要建设云端实验室和合成生物设计两个主要系统。
云端实验室从构建合成生物大设施的运营场景开始，就结合工业互联网技
术，实现经营决策层、核心应用层、边缘计算层与物理建设单位无缝互联，
是四层结构云实验室平台；合成生物设计利用生物信息、数理模型及人工
智能等手段，针对特定科学需求，基于生物合成大数据，设计新反应、新
酶、新途径、新菌株，建立一站式的设计技术体系、软件工具及生物信息
数据库。

　　"合成测试"平台主要建设酵母、大片段 DNA、噬菌体、细菌四个自动化合成系统。每套自动化合成测试系统由多个核心功能模块及辅助模块构成。通过梳理出各种工艺路线和通量需求，设计不同模块的仪器组合和具体工艺流程，以通量的仿真模拟复核方案的实现能力，形成设计逻辑闭环。结合流程自动化、离散自动化的理念和实践，逐步实现由模块到子系统再到整个合成测试平台的完全自主可控。

　　"用户检测"平台主要建设蛋白质和代谢产物分析系统、高级光学检测系统、底盘细胞放大培养系统。该平台将具备分子、蛋白质及单细胞的检测分析，具备高通量高分辨三维成像、厌氧发酵和小 / 中试发酵等能力。在建设阶段，将针对上述能力进行优化设计，调整部分工艺路线，更好地完成各项科学目标和工程目标。

合成生物大设施突破"卡脖子"技术

　　大设施的研究立足于"从 0 到 1"的自主创新，利用粤港澳大湾区的生产制造优势及 IT 产业优势，与国内设备厂商或研发机构合作，全面推动自动化设备、集成系统、应用软件的国产化进程。

　　合成生物学基于生命科学、工程学、信息科学等学科，我国目前合成生物高通量构建与测试需求很大，但生命系统设计合成能力和自动化水平很低，与国外相比还存在较大差距。因此，合成生物大设施建设过程中，必然存在不少"卡脖子"技术需要突破，先进院科研人员就用智慧和勤奋谱写了一段段传奇。

　　2019 年 7 月，何凯、袁海、王猛和马波几位研究员合作申请了合成生物学自动化铸造平台关键技术研发这项科技部重点研发计划。该项目旨在完成合成生物学自动化铸造平台的系统集成，实现设备仪器互联互通与自动化控制。针对最核心的菌株设计改造等任务，优化实验流程，开发基于云平台的高级设计软件，实现菌株改造的全流程自动化，自主研发自动化实验设备，实现高精度、高通量移液与生物颗粒的高灵敏、高通量、多参数光学检测分析等关键技术。

南沙所所长、合成生物大设施总经理袁海

比如纳升移液仪以前只有一家国外的供应商生产，不仅价格极为昂贵，而且售后服务也很难保障，合成生物大设施建设团队把此需求反馈给深圳先进院医工所团队，探讨自主研发纳升移液仪的可能性。因为医工所在超声领域有多年的积累，邱维宝团队接到任务后，经过两年的攻关，终于解决了国产化难题，如今已经进入调试验证阶段。

又如克隆挑选仪也是一种曾被国外厂商垄断的仪器。目前，国外知名厂商的仪器在挑取效率、成功率以及扩展功能上处于国际领先地位，国内科研院所和企业在克隆菌落挑取设备的研发方面尚处于初期阶段，与国外厂商具有较大技术差距，国内相关克隆挑选仪器基本依靠进口，价格及售后服务昂贵。

设施团队跟先进院集成所何凯团队合作，成功研发的第三代克隆挑取机器人最大挑取效率可达 2400 个 / 时，挑取成功率大于 95%。开发具有自主知识产权的核心关键技术装备，突破国外技术封锁，可以促进我国生物工程相关领域的发展，提高我国生物技术仪器的应用水平，推动国内在相关领域的研究应用，缩短与发达国家在生物工程仪器设备方面的差距，具有良好的市场前景。

袁海自豪地说：“2018 年，科技部与深圳市科创委率先在全国以‘部市联动’模式启动国家重点研发计划合成生物学重点专项。在这个重点专项的支持下，我们已实现部分仪器核心技术的突破，自动化集成系统软件和硬件的国产改造替代，以及配套试剂耗材国产化渠道的开拓。基于自主开发的底层软件设计和架构，目前已掌握包括移动机器人、光反应器等创新装置的开发和集成能力。通过深圳合成生物大设施的预研和建设实践，已有充分信心逐步实现我国相关仪器设备、集成系统和设计软件的自主可控，整体技术水平从‘跟跑’到‘并跑’，部分领域有望通过原始创新实现‘领跑’的优势。”

强化大设施国产供应链

合成生物研究重大科技基础设施大规模投入运营，除了要具备相应的工艺、各类软硬件系统，其运营成本也是非常重要的一个因素。在设计和建设阶段，整个设施团队一直将降低运营成本作为一个核心的目标，从工艺路线到试剂耗材的国产化开发，逐步地将运营成本一降再降。

先进院合成生物大设施工程办公室主任范南南介绍，设施团队在副总工艺师张智彧的带领下，对试剂耗材国产化提取常规的核酸类试剂，先后开发了质粒提取、胶回收等磁珠和柱法的配套试剂盒，在各项指标不弱于进口和国产同类产品的情况下，将成本降低到了原来的30%左右。

值得一提的是，在与自动化设备相关的各类吸头和一些定制化耗材的开发方面，设施团队重点发掘珠三角地区的加工和模具行业，积极对接相关供应商，先后拜访、洽谈了多个位于深圳、东莞、佛山的相关公司。最终，东莞的一个耳机模具供应商以较高的性价比进入设施团队的视线。该供应商擅长高精度模具的设计、制造和注塑生产，由于耳机形状特殊，对模具的精度要求非常高，这正是设计和开发自动化吸头模具所必须的。该供应商也同样在寻找新的利润增长点，双方开始了技术深入交流和打样测试。经过几轮调整后，第一款国产的自动化兼容耗材通过了设施团队的测试标准，相关的采购成本降低了70%，这个模具供应商也成为设施团队的模具供应商之一，后续又与设施团队一起开发出一系列的定制化的耗材模具。

另一家相关的硬件供应商也是位于东莞的智能制造企业，其主营业务是手机的摄像镜头组件和微型马达的装配制造。令人感到吃惊的是，当设施团队提出需要开发一款可以替代进口设备的小型仪器时，该供应商只用了21天便成功研制出具备相当完成度的产品样机，而且经过初步测试，只需要小部分的改进就可以达到上市销售的水准。设施团队很快又在佛山找到了兼容定制自动化家具的供应商……珠三角地区发达的供应链系统为设施建设和降低运营成本发挥了极其重要的作用。

"先进院牵头建设这样一个史无前例的科学大设施，具有工程与科研的双重性质，对于团队来说既是巨大挑战，也是重要机遇。我们团队是一支跨学科、多元化的团队，必须相互依赖、相互协作。"范南南喜悦地说，"大设施是合成生物学科技创新的基石，它从最初的不知道长成啥样，令人望而却步，到逐渐面目清晰，令人期待和神往，我感到十分幸运。"

高端自研设备成最大亮点

科学仪器的创新是推动科技创新的重要支撑。先进院一直坚持不断完善科研设备开发平台，高端自研设备成为先进院科研设备平台一大独特的亮点。

2014年10月，在先进院正式启用的双光子显微镜就是诸多高端自研设备的一个典型代表。该双光子显微镜是先进院医工所郑炜团队自行研制的高端科研仪器，可切换25x和16x等多款多光子成像物镜。该系统搭配波长在700纳米至1000纳米范围的红外飞秒激光器，能够激发丰富的荧光染料或标记物。若配备高灵敏度的荧光探测器、高速扫描头等设备，可实现高质量深度组织快速成像。将自动校正与对准程序用于统一的图像采集及分析软件平台，能够保证显微镜稳定、便捷地工作。

为了满足不同的生物医学研究需求，先进院在该双光子显微镜的基础上，积极开发了一些新型的双光子显微成像产品。例如，为了增加成像维度，推出了具备荧光寿命和荧光光谱探测功能的双光子显微成像系统，能在获取生物组织结构信息的同时，呈现生理的变化。为了提高成像深度，发展了自适应光学技术，能够校正深层组织的像差，以提高成像质量。为了提高成像速度，搭配了共振扫描元件，还开发了快速三维成像技术以缩短成像时间。先进院对双光子显微镜的应用、研究和拓展从未停止，期待能解决更多的生物医学问题。

同样，在合成生物研究重大科技基础设施建设过程中，先进院团队根据科研人员的需求和建议，不断挑战技术难题，在自研设备方面屡获突破。

合成生物大设施总工艺师司同带领自身课题组和设施工程团队，听取不同科研人员的需求和意见，对合成生物研发的流程工艺进行前置开发。比如，人类的健康与疾病都和肠道微生物密切相关，相关研究已成为国际热点。通过大规模培养组获得的肠道微生物菌株库，是开展疾病解析、发现新药物靶点、研发新益生菌株等研究的关键，此前相关技术和菌株资源库掌握在美国、法国等发达国家手中。合成所戴磊、马迎飞两位研究员致力于开展人类肠道微生物组及其噬菌体组研究，但受传统手工实验的限制，研究效率低下，研究规模有限。能否基于大设施的自动化平台，高通量开展菌株分离鉴定与功能表征研究？

带着这一问题，司同与戴磊、马迎飞团队开展广泛调研，发现国际上能够在严格厌氧环境下开展肠道微生物自动化操作的硬件系统不仅数量少，而且集成规模小，仅能在少数步骤上实现自动化。司同介绍道："关键难点在于，必须对现有仪器设备进行深度改造，甚至从头定制开发，才能在尺寸、操作方面与厌氧手套相匹配；而且整体系统复杂，结构设计、电气设计、流程设计等相互制约、环环相扣，系统集成难度大，工程实施风险高。"

为了突破厌氧微生物研究全流程自动化的难题，设施工程团队与合成所研究团队密切配合，全方位探索解决方案。比如，为了严控气体成分，厌氧手套箱体积不能过大。但液体操作机器人、菌落涂布仪等必需设备都属大型仪器，二者对空间的要求不可妥协。为此，设施工程团队探索了多条技术路线，包括仪器设备与厌氧手套箱的广泛选型调研、与设备厂商反复沟通定制化可行性、开模试验装置模块、定制化耗材等，最后基于液体操作机器人自主研发出菌落涂布模块，在一台设备上实现集成两台设备的功能。设施工程团队还通过调研，面向生物实验需求开发定制大型厌氧手套箱（约3米×7米×5米），突破了现有研究及仪器装备对平台体积的限制（约2米×2米×1.5米）。

谈到这里，司同舒展开眉头，微微一笑："设施团队首创了全球现有最大规模的肠道微生物全流程自动化研究平台，预计在两年内可以完成之前法国团队耗时 10 年开展的面向西方人群的肠道微生物培养组研究，有望大幅加快我国居民肠道微生物菌株资源库建设。"

值得期待的是，合成生物大设施将成为我国首个整合软件控制、硬件设备和合成生物学应用的合成生物制造系统，能帮助科研人员从耗时长的实验工作中解脱出来，专注于实验设计、规律总结等更具创造性的思维活动，为合成生物科研和产业提供强有力的支撑。

开放共享，服务大湾区的科研和产业

近年来，粤港澳大湾区的高校、科研机构、医院等企事业单位对科研工作越来越重视，先进院面向社会开放共享高端科研设备，已累计帮助上百个企事业单位顺利开展科研工作。

比如 2021 年 1 月，深圳大学生物医学工程学院李琳玲老师利用先进院西门子 3.0T 磁共振成像系统，进行人体大脑结构和功能磁共振成像研究。该研究内容针对双向情感障碍患者在情绪表情处理的任务态数据，利用 PPI 模型构建全脑的功能连接网络，发现患者默认神经认知存在异常，使前额叶至顶叶网络的局部效率有显著增加。相关研究已被国际期刊 *Journal of Affective Disorders* 收录。

又如 2019 年 1 月至 2020 年 10 月，北京大学深圳医院开展胃黏膜活检样本的双光子显微成像实验，测试病例达 20 例以上。该实验基于新鲜人体胃黏膜组织样本，利用先进院成熟的光谱和时间分辨的双光子显微成像技术，对胃癌病变的几个典型阶段进行了系统研究。实验结果表明，这项技术仅依赖内源性对比度表征胃黏膜亚细胞水平的三维组织形态结构和生化特性，就可区分不同胃部病变。随着多光子内窥成像技术的发展，未来有潜力实现胃部非入侵、无标记、实时组织学和功能学诊断。相关研究已被国际期刊 *Surgical Oncology* 和 *Biomedical Optics Express* 收录。

先进院的大型仪器设备平台还对粤港澳大湾区的产业界开放共享。2017 年 6 月 26 日，由罗茜担任联合实验室主任的"中国科学院深圳先进技术研究院—深圳市博林达科技有限公司标准物质研发联合实验室"挂牌成立。在双方优势互补的基础上，联合实验室将围绕标准物质的前沿技术研究、新产品开发、技术平台建立、人才培养等方面进行广泛合作，提升博林达的技术创新能力，支持其在标准物质领域建立长期的技术开发平台，也让先进院的技术资源和设备资源得到充分利用，并有望在检测服务过程中产生新的技术成果。2020 年 3 月至 2021 年 7 月，中山市东朋化工有限公司任众研发团队寻求先进院的帮助，他们以双酚 A、乙二醇、己二酸、间苯二甲酸为单体，合成了聚酯多元醇预聚体，合成了一种铝箔专用耐腐蚀胶黏剂。该团队采用先进院生化分析平台的核磁共振波谱仪测试了此胶黏剂的氢谱，确认了胶黏剂的分子序列结构。目前，该胶黏剂已正常生产并成功销售。

由此可见，先进院科研设备平台不仅有效支撑了全院的科研活动、协同创新，而且通过资源开放共享，助力粤港澳大湾区的科研工作，并促进了当地产业的发展。

第九章　环境建设：不遗余力筑巢引凤

樊建平曾多次说过这样一个比喻："我们先进院就好比一个花园，需要各种人才才能万紫千红。人才就像种子，资金就像肥料和水，管理就是锄地和拔草。其实，最重要的还是种子。"他对先进院软环境建设十分重视。先进院科研成果频出的背后，离不开管理、支撑团队的默默奉献和绿叶精神，他们用润物细无声的方式最大限度地保障科研事业的发展，保证来自全球各地的人才能心无旁骛地做好科研工作。

曾任先进院综合处处长的黄澍说："对于先进院管理和支撑团队而言，不仅是锻炼和成长自己，也要不断提升岗位职责的能力和水平，因为先进院不仅为他们的科学研究服务，也为他们的成果转化服务。在先进院这个平台上，科研人员不是职能部门的管理对象，而是服务对象。"

"秘书桥"制度的由来

黄澍介绍道："先进院首任党委书记白建原一直要求我们在服务过程中实现管理目标，所以'秘书桥'制度是将行政服务延伸到科研第一线。给科研部门派出专业的秘书，就是为了给科研人员提供更及时、更周到的服务，让他们把更多精力聚焦到科学研究上，这是先进院提升职能部门服务水平的一项制度创新。"

先进院活跃着一支 100 多人的秘书队伍，他们在 A 栋职能部门和其余 5 栋各个研究所、研究中心之间穿梭忙碌。而这支队伍的缘起，是先进院创办早期香港中文大学（深圳）及海外科研机构的成功经验。

2006 年底，先进院还处于筹备期，人员处于迅速扩充中，海归人才越来越多。海归人才要申请项目经费、熟悉国内申报流程，有一个漫长的适应过程。有的海归人才中文书写不规范，不论是财务报销还是撰写申报材料，都需要投入很多的精力。

如何才能把海归人才从繁琐的行政事务中解放出来，将宝贵精力投入科研工作呢？当时，参与先进院筹建的几位香港中文大学教授在深圳和香港两地奔忙，他们夸奖香港中文大学的秘书特别能干，但凡教授有什么工作上的需要，只要安排给秘书就可以帮他们全部搞好。于是，白建原决定亲自带队赴香港中文大学观摩交流，并经过内部学习讨论，先进院领导班子最终决定建立"秘书桥"制度，培养一批专业秘书担任职能部门和科研部门的"桥梁"，希望帮助海外归国科研人员尽快适应国内的科研管理环境，集中精力搞好科研。

比如，财务处向各个研究所各派一名财务秘书，负责财务预算和报销等财务工作；科研处派出科研秘书，服务科研项目的申报和验收等文档工作；研究中心根据自身发展需要也设立一名或多名全能秘书，可以帮助科研人员"一站式"捋顺各项流程。"秘书桥"制度是先进院职能部门坚持"服务在管理之前，管理在服务之中"理念的具体体现。

那么，如何管理下沉到各个科研部门的秘书呢？

黄澍介绍道："秘书由业务处室和研究所双向考核，职能部门考核业务能力，研究所考核服务质量。如果职能部门说秘书不行，那是业务能力欠缺就辞退；如果研究所反馈秘书的服务质量有问题，那么可以经过再培训，换岗使用。实践证明，'秘书桥'制度极大地方便了科研人员与职能部门的沟通，提高了工作效率。"

出发点都是为了做好服务

国内的大型事业单位都有安保、维修、车队等臃肿的后勤部门，这些后勤部门大多数效率低下、人事关系复杂，让业务部门头疼不已。深圳先进院建立之初，时任三方共建领导小组组长的施尔畏明确要求"后勤服务要因地制宜，尽量社会化"。为了避免出现以上弊病，更高水平地服务好师生群体，院领导班子决定把可以社会化的相关业务尽量外包出去。

于是，白建原带领黄澍等综合处人员考察了深圳物业管理行业。物业管理有两种外包形式，一是包干制，二是佣金制。包干制就是按照每平方米面积约定一个固定价格，这种方式财务管理上相对简单，但一旦签署合同，物业公司服务内容十分受限，服务质量难以保证；佣金制是根据先进院的实际需求量身定做物业服务，物业管理工作更复杂，但灵活性较大，先进院拥有较大的话语权，适合尚处建设初期的先进院。具体说来，物业公司提供的服务内容包括营造合适的科研环境，包括咖啡厅、宿舍管理、影印中心等；可根据需求进行岗位设置，包括安保和清洁人员的数量和职责；薪酬待遇则符合市场规则，符合劳动力市场规则。

白建原说："选好了物业公司，设定好服务内容与要求之后，我们确定综合处与物业公司的关系，即物业公司是综合处职责延长的手，要通过专业的服务表达与被服务者融合，而非管理者与被管理者的生硬关系。这种'服务在管理之前，管理在服务之中'的理念被樊建平院长赞为'润物无声'。我们设立了运行办，安排一个员工对接科研人员对物业管理提出的意见和建议，同时负责与物业公司对接，其他工作职责就是巡楼，发现电梯是否有异常、灯泡是否损坏、水管是否漏水。在别人投诉之前，先发现问题，通知物业公司及时维修改进，目的就是让科研人员满意度更高。我们会经常站在被服务对象和履行服务职责的物业公司的角度思考问题，帮助他们找问题，想办法改进和提升服务质量，这样先进院与物业公司就不是简单的雇佣关系，而是共同成长的关系，不仅能让物业公司更好地服务，也成就了物业公司的进步。"

为了抓好食堂管理，白建原带队实地考察多家企业、机关、学校、科技园，最终确定了服务商，并保证每天有 14 小时持续供餐；规定米面、食用油、肉类等品牌和供货渠道，采取定期第三方监测，保证食材质量，还引入几家供应商有序竞争。经过调研发现，平均每日用餐人数达到 400 人，食堂经营才会达到盈亏平衡点，因此当人员规模为 1000 多人的时候，共引入"八分饱"和"煮意坊"两家食堂，后来又引入了包括"五味堂""九思坊"在内的几家食堂。

同样的逻辑也运用于车队的管理。"在传统事业单位，按照国家规定，15 个事业指标就可以买一辆车，买车的报批手续繁杂。由于公车使用率高，保修期后，养护成本高且不确定性因素大，且报废手续更繁杂。我当时想能否像西方国家政府部门一样采取购买服务的方式，从市场上购买车辆服务（包括司机、车辆、保险等），费用相对更固定，三年一换车，不用考虑修车费。这样实施下来，先进院名下只有最初的 5 辆车。后来国家出台了事业单位的车改政策，先进院的阵痛是最小的，因为那时先进院是按市场规律在管理用车，并没有传统事业单位里司机多、车辆多、管理乱的弊病。"黄澍很感激先进院创始领导班子的信任，放手让他尝试各种非传统事业单位的做法，后勤服务采取市场化、社会化的外包形式，合理地降低了运营成本，提高了资金的管理效率，营造了舒适的工作环境，能够保障科研人员安心做好科研工作。

一边学习，一边盖大楼

根据中科院、深圳市和香港中文大学三方早先签署的共建协议，到 2009 年末筹建期结束，先进院要以自建的方式完成所有园区的建设。深圳市划拨的土地位于南山区西丽大学城东校区，土地总面积 5.1 万平方米，规划工程建设分为两期。

深圳先进院西丽园区

黄澍曾担任先进院的第一任基建办主任，承担监管先进院基础建设的职责。从分管基建工作的白建原书记到副主任王冬，没有一个人拥有基建工作的经验。

这个基建"小白"团队硬是从 2007 年到 2009 年 5 月，在筹建初期人手少、事项多、经验不足的情况下把一期工程建设完成。用黄澍的话说，就是："一边学习，一边盖大楼。我们去国外科研机构考察，什么是科研建筑？特点有哪些？去香港中文大学考察的时候，杜如虚教授带我们参观了他的实验室和工程院的科研楼，我看到 7 米高的楼层，竟有一半是管道层，越看越觉得门道很多。我们就把各种科研大楼的最大公约数找出来，要把大楼建得简约方正，适合科研工作的需求。比如，C 栋设计用途是实验楼，后来为集成所、医工所、脑所建设实验室提供了充分的大平层，非常实用。"

虽然不懂基建，但基建办团队始终保持服务的心态，还聘请李国雄担任基建顾问，把基建工作做得非常细致、扎实。在大家共同努力下，用电、承载、楼层布局等都设计合理，甚至不吊顶的简约风格，都引领了深圳科研机构的装修风格。

白建原回顾建楼的这段经历时说："因为我知道搞基建工作有很大的风险，我们有一套制度严格律己、防止腐败，保质保量完成建设任务。最后，还获得全市质量优质工程。我们队伍经过锻炼迅速成长起来了，中科院领导来验收工程的时候评价说，这是一支廉洁、高效的队伍。"一期工程的如期完工，为先进院科研工作快速、有序的开展奠定了坚实的基础。基建"小白"们在实干中不断学习进步，并在二期工程中发挥了骨干作用。

"3H工程"提供全面支撑

海归人才回到国内的第一站就是先与先进院人力资源部门的同事打交道。人力资源部门坚持"重点保障、适度普惠、量力而行"的原则，统筹优势资源，集中力量解决科研人员突出关心的问题，为大家营造潜心致研的良好环境，最大程度激发广大科研人员创新活力。

安居才能乐研，住房问题一直是人才关心的最基本问题。先进院园区没有自有住房，就通过深圳的人才安居政策陆续申请了近 500 套人才公租房，解决人才的周转住宿需求。针对一些通勤时间长、交通不便利的人才房，住房专员积极争取经费定制通勤班车，使人才下楼即上车、下车即入园，途中还有休息时间。为适应光明、南山、宝安多点办公的发展现状，降低因工作地点变更造成的通勤不便，住房专员数次奔赴光明人才安居房现场，在最短的时间内完成70余套房屋的入住手续，帮助人才顺利解决了迁居光明区的问题。

作为基层的科研保障人员，合成所人事秘书朱家谊对先进院重视人才服务工作深有体会。她介绍说："为人才服务的理念贯彻到院里每一个研究所，每一位人才专员都尽职尽责、尽心尽力做好保障工作。比如，在引入一位研究员之前，人才专员会提前看房并预定好住所；精确测量房型，方便提前购置家具。为帮助老师最大限度节省精力，尽快专心投入科研工作、组建实验室队伍，人才专员会提前办理各种繁琐的入住手续、开通燃气手续、入网手续等，提供最优化的服务保障。"

综合处文秘办秘书郭泽讲述了一个服务外国专家约翰·罗杰·斯彼克曼教授的故事。该教授是能量代谢研究领域的国际知名学者和技术权威，也是为数不多的三国五院院士，于2020年全职加入深圳先进院能量代谢与生殖研究中心任首席科学家。得知这位杰出的专家要加入深圳先进院，人才服务办的同事都非常激动，首先要保障他安居，所以他们愿意尽最大的努力为教授创造一个良好的居住条件，并将临近先进院一间较好的安居房进行了修缮，希望教授抵深后可以第一时间安心居住。在深圳市实施"人才安居工程"的契机下，人才服务办也顺利争取到地方政府的安居资源，为教授更换了位于深圳湾科技生态园的条件较好的住房。

先进院的高层次人才总量多，每年申报高层次人才奖励补贴达500余人次。高层次人才数量大，申报情况存在个性化、差异化。先进院人资处为方便高端人才申请奖励补贴，简化申请流程，结合市里文件要求，制定了统一的申报流程。申报人只需要根据申报要求准备好相关的材料，由主管单位对个人材料进行审核，如有特殊情况，则立刻一对一沟通解决，确保了高层次人才都可以及时领取到奖励补贴。

对加盟先进院的科学家来说,先进院就像一个温暖的家。霍斯特·亚瑟·梵格院士曾多次深情地说:"先进院是片干事业的热土,我热爱这里的工作。"

人力资源处处长汪瑞介绍,对于平台上的每一位人才,先进院都会提供一流的人才服务。2017年10月,深圳先进院专门设立了"3H工程"委员会办公室,既解决全院职工的一般需求,还帮助人才解决不时之需。"3H工程"一是指"HOUSING",即"住房",二是指"HOME",即"家庭",三是指"HEALTH",即"健康"。先进院已经建立和完善了一套"以人为本"的3H工程工作机制,协助人才解决安居困难,提高人才健康医疗保障,解决人才子女入学问题,确保各项工作顺利实施。

"我们给海外人才提供的服务显然是国内最好的,没有之一。从人才入境到安居,再到健康保障及子女入学和父母养老,我们是唯一把人才服务做到极致的团队。"汪瑞自豪地说。

先进院的发展成就有目共睹,这同样离不开深圳市委、市政府多年以来的大力支持。先进院纪委书记冯伟对深圳市政府相关部门的工作赞赏有加,认为他们对人才工作特别重视,对深圳先进院给出的一些建议从善如流。比如,深圳市人事局早期的很多人才政策就借鉴了深圳先进院的人才评价标准与管理制度。他由衷地说:"只有在深圳这座以人为本的移民城市里,先进院才能获得超常规的发展速度。"

用区块链技术赋能档案管理

传统档案管理工作遇见最先进的区块链技术,会产生怎样的神奇效果呢?

深圳先进院大胆创新和刻苦实践，采取科研管理融合创新、重点突破、问题导向等举措，制定了先进院档案工作的"十三五""十四五"专项规划，并将档案工作纳入先进院和深理工年度发展规划中。深圳先进院由原来档案工作并不出色，到如今在中科院系统崭露头角，实现多个"第一"：中科院第一家将区块链技术引入档案工作的科研院所；中科院第一家制定档案"十三五"规划的研究所；中科院第一批数字档案室试点单位；目前申请国家档案局项目最多的研究所。先进院成功探索和实践了从传统档案室向数字档案室转型建设的有效路径，全员产生了从"要我做"到"我要做"的意识转变。

故事还得从 2015 年说起。当时，深圳先进院首任党委书记、档案工作主管领导白建原认为，档案工作虽然不是中心工作，但做不好、跟不上时代的步伐一定会影响到中心工作，要既能守正又能根据先进院的具体情况创新工作机制，特别对多学科交叉的档案工作提出了更高的要求。结合内外部需求，前瞻性地提出了档案工作应以"建规范、建制度、建队伍、建信息化系统"为目标，以"中国科学院档案工作管理模式与规章制度探索"试点项目为契机，要大幅提高档案工作整体水平。次年 10 月，丹麦奥胡斯大学计算机科学专业博士毕业生曲强加盟先进院，他擅长的研究领域是区块链、时空数据挖掘、大数据动态管理，他从海外刚回到国内，初到先进院，并不知道从哪里着手开展区块链的研究工作。

深圳先进院综合档案室档案业务主办林明香回忆道："2016 年的一个下午，白书记带领曲强和刘思源到 A 区 402 档案室，简要介绍先进院档案工作基本情况，并提到当前档案工作覆盖先进院科研业务各个领域，是实现'质量先进院'的突破口之一。也强调当下档案工作存在许多薄弱环节，若是他们二位能从档案方面入手，开展基础研究工作，不仅能体现其所在研究中心（前瞻中心）的前瞻性，而且研究结果对自身有积淀作用，对'质量先进院'也有促进作用。"

此后，以曲强博士为首的研发团队正式成立，白建原、李广林、韩汶轩等组成管理团队，档案及信息化人员等组成支撑团队。这三支队伍组成了一个项目组，先共同申请了深圳先进院内第一个档案类研究项目——"面向质量先进院的数字档案工程体系管理和运用研究"，在院领导班子的高度重视和大力支持下，解决了建设"质量先进院"背景下数字档案资源整合与服务复杂性等问题，提升了先进院档案管理的信息化能力和水平，同时促进相关管理体系的不断健全和完善。樊建平院长在此项目结题时总结了6个字——"投入少、见效快"。

先进院数字所曲强研究员对这个项目的研发过程记忆犹新。他介绍："经过实地调研后，我发现直接在档案数字化的内容上实现区块链太难了。因为档案内容各异，又非交易型数据，不太适用于处理交易型数据的区块链。而且档案文件容量通常很大，区块链很难存储大文件。数字档案系统具备较高的专业性和门槛，不太适合全面的区块链改造，不利于业务的迁移和模式的推广。所以我们的工作重点之一就是研究数字档案系统与区块链系统的融合。"

于是，研发团队在不需要改造数字档案系统的情况下，希望直接应用区块链技术，通过区块链中间件的研发实现档案数据的直接处理，融合数据库和分布式存储技术以解决上述的难点问题，实现不感知业务系统的条件下数据的区块链存证、监管和多节点备份，提升数字档案系统的韧性。

林明香透露，利用大数据、人工智能等新技术，自主开发了一套数字档案可视化智能系统；基于可信技术，提出数字档案信息系统安全管理方法，不仅可以方便监管，防止档案系统篡改，而且可以对外开放和促进交流。她说："深圳先进院科研、管理和支撑三支团队以技术创新与应用为切入点，各司其职，紧密协作，在先进院领导班子的高度重视和三任档案工作主管领导（即白建原、许建国、冯伟）的努力和支持下，共同承担了国家档案局、广东省档案局、中科院档案馆多个课题，有效提升了先进院的档案管理水平，超额完成项目预期目标，得到相关部门的肯定和支持。"

当先进院原医工所所长郑海荣主持的国家重大科研仪器项目于2015年获批后，白建原就带着档案专员找到郑海荣，强调此项目的重要性和意义，这是先进院截至目前金额最大、涉及单位最多、时间跨度最大的项目，且郑海荣兼有所领导、科研人员、共产党员等多重身份，其对档案工作的重视将对其他科研人员起到先锋模范作用。于是，综合档案室多次对项目组开展档案制度宣传，与项目组建立良好的沟通机制，通过档案工作实现"四同步"——项目和档案工作同部署、同实施、同检查、同考核。2021年3月，国家自然科学基金委专家验收时表示，该项目档案收集完整，纸质档案282卷，电子文件444千兆，档案工作基本反映了科研工作全过程。项目档案助力国家重大科研仪器项目顺利通过相关验收，也为服务重大仪器项目的运行提供了条件。

2018年，深圳先进院申请合成生物研究重大科技基础设施项目、脑解析与脑模拟重大科技基础设施项目，先后获得深圳市发展和改革委员会的批复，当年深圳市部署的十个重大科技基础设施中，深圳先进院占了两个。由于设施具有科学研究和工程建设双重属性，具有多载体的特点，体系庞杂，迫切需要统一领导，分级管理，落实责任，更要注重两大设施档案工作交流，提高项目组全体成员的档案意识。2022年7月举行的两大设施档案交流会上，负责人刘陈立和王立平一致认为，大设施的建设面临前所未有的压力和挑战，做好档案工作的积累、预立卷和保存，需要积极发挥档案在大设施建设中的作用，为建设具有特色的大设施工程项目提供有力支撑。

深圳先进院纪委书记、档案工作主管领导冯伟对先进院档案工作的成绩如数家珍："在前两任档案工作主管领导白建原书记和许建国副院长的坚持和努力下，档案工作成效显著，更好地反映科研工作的全过程，能更有效地提升档案管理工作效率，在数字时代跟上科研和管理的快节奏，创造性地支撑团队合作。截至 2021 年 12 月，先进院累计修订档案规范、制度等共计 53 项规定；组建了一支近百人、专兼结合的档案管理队伍，近 1/3 兼职档案员拥有深圳市档案管理员资质证；建设了一套数字档案系统，档案利用效率比手工检索提高了 16 倍；发表学术论文 10 余篇，专利 5 项，自主开发了 3 套培训教程和 2 套区块链相关系统。区块链从管理末端出发，为传统档案工作赋能，有效推动了科研团队和管理团队的相互理解和协同。先进院数字档案室建设对'质量先进院'建设有提升作用，对先进院信息化建设工作也有促进作用。而且，这项工作也产生了现实生产力，受益于企业横向合作档案的完善，促成到账追款近 1000 万元。"

"十三五"以来，深圳先进院档案工作在守正和创新的融合中实现了跨越式发展，深圳先进院于 2022 年获得中科院"十三五"期间档案工作先进集体称号。步入"十四五"时期，先进院和依托先进院建设的深圳理工大学档案工作将继续深化和创新，以档案"十四五"规划为指导，持续加强三支队伍协同创新，借助区块链等先进技术实现档案管理现代化，形成院校档案一张网，深度挖掘数字档案资源。

档案团队和先进院其他职能部门一样，上下同心，按照"围绕中心、服务大局、保障发展"十二字方针，促进院校深度融合，围绕科研和教学大局，更高效、更智能地提供档案服务，保障中心工作的稳健发展。

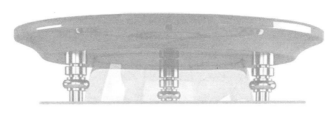

下 篇

抉 择

抉择是关键。先进院为生存而战，首先要对科研方向作准确的判断和智慧的抉择，还要组建一支能战斗的国际化人才队伍，注重干部队伍的建设，并不断产出高质量创新成果。如此，才能在激烈的竞争中一马当先，让国家科研机构的金字招牌熠熠生辉。

人才是第一资源，是最重要的战略储备。经过多年的摸索和实践，先进院确立了人才在科学研究过程中的主导作用。在人才引进、流动、薪酬、考评制度方面不断完善，创新突破人力资源管理原有的管理体系，激活人才的创新思维与活力，凝聚和培养了一支以海归为主体的年轻科研队伍。在干部培养方面，先进院党委采取"赛马中相马"的方略，选拔了一批优秀的党员干部，他们在各项事业的建设和发展中起到先锋模范作用。先进院也因此形成了产教融合、科教融合的鲜明特色，实现"学术顶天、产业落地"的发展目标。

第十章　科研方向的抉择

相当长一段时间，深圳没有大院大所。缺乏源头创新的科研机构，对于有志于发展高新技术产业的深圳来说，无疑是一个巨大短板。先进院是深圳的第一所国家级科研机构，自诞生那天起，使命就是"为创新而生"。

近些年，一批新型科研机构如雨后春笋一般在深圳成长起来，包括鹏城实验室、深圳湾实验室、深圳量子科学与工程研究院、深圳市大数据研究院等，先进院发挥示范引领作用，成为新型科研机构群体中当之无愧的标杆，势必要"为生存而战"，砥砺前行。随着中美科技竞争进入白热化阶段，深圳先进院积极发挥自我的使命担当，强化危机意识，致力于跑出迈向国际一流工研院和研究型大学的"加速度"。

鲜有人知的是，作为新型科研机构，深圳先进院在科研方向的选择上，早期也曾存在某些争议，比如，用"先进技术"作为名字，是否意味着所有的先进技术都可以纳入它的科研方向？如此岂不让先进院的科研方向变得五花八门，甚至失去特色吗？如果只从最初的一个集成所起步，往后一门心思只做电子信息方向的研究，也就不会有今天的合成所、脑所与碳中和所的超前布局了。

先进院之所以能从一个集成所发展到今天的 8 个研究所，从 IT（信息技术）发展到 IBT（信息技术＋生物技术）融合，再向 BT（生物技术）倾斜，探索出一条与众不同的发展路径，这与先进院领导班子高瞻远瞩的战略眼光密不可分，与他们尊重科学规律、实事求是的工作态度密不可分。

樊建平介绍，国际上普遍做法是把新理念的思考和新技术的基础探索工作放在高校和科研机构。先进院既要面向国民经济主战场，选择符合国家战略需求的科研方向，又要有所为、有所不为，对工业界能做的热门方向，先进院不与其争利，只对核心关键技术进行攻关。对与发达国家同步开展的新领域研究，先进院必须勇于担当，比如布局合成生物学和脑科学，以免在国际科技竞争中再度落后。果断出击，超前布局，让先进院在全球科技竞争格局中有机会实现"弯道超车"。

如何定位"先进技术"？

2006 年前后，中国科学院顺应国内经济社会的发展状况，调整科技资源在全国的布局，决定在东南沿海一带启动深圳先进技术研究院、厦门城市环境研究所等 5 个新所的筹建工作，它们是中科院队列中年轻而充满活力的成员，是区域创新体系中不可或缺的新生力量。

最初，中国科学院考虑在深圳建一个集成技术研究所。全国人大常委会原副委员长、中国科学院原院长路甬祥院士回忆道："为什么是'集成'呢？是因为集成创新不够，希望把机电、电子、计算机、软件等开发集成起来，为深圳的高新技术产业提供技术支撑。后来，又琢磨'集成'这个名字太窄，目标还是要做得更先进、更高端，于是，就决定用'先进技术'。"

2006 年初，当樊建平被告知，要作为中科院党组委派的主要干部，南下深圳组建一个"先进技术研究院"时，他最先要思考的就是这个机构的定位、使命与愿景。

樊建平介绍，在路甬祥院长委托施尔畏副院长找自己和白建原谈话那天，他就开始思考先进院的定位了。当时，深圳清华大学研究院在产业结合方面做得比较好，2006年恰好是该院成立第十个年头。他和同事参加了十周年庆典，对其超强的企业孵化能力印象深刻。通过对深圳产业需求和科研机构进行全面调研，先进院创始班子把先进院定位为新型工业研究院，强调科学研究对产业的牵引，鼓励科研成果的转化。

如何定位"先进技术"？国内研究机构基本按研究领域或目标市场来取名，很少把"先进技术"作为研究院的名字。当时，国家有关部门的领导也要求樊建平说清楚什么是"先进技术"。

樊建平说："我们主要参考美国多所大学的科研机制，了解西欧、日本的做法，确立了'多学科交叉、学术引领'的办院宗旨。"

定位工业技术研究院依然有两种偏重需要确认，一是给深圳及珠三角已有的工业提供核心关键技术，二是为区域经济的未来发展准备核心技术。先进院最后确定主攻方向为新工业，兼顾当前的既有产业。先进院的科研布局原则是7∶3，70%的科研工作属于超越企业界已有技术的前沿探索，30%的科研内容是与工业界平行的，为先进院科研与产业界互补合作奠定基础。

从IT起步，到IBT融合发展

作为深圳先进院共建方之一，香港中文大学派出了第一批教授参与筹建，首先派出了机器人及自动化领域国际知名专家徐扬生教授担任先进院筹建工作组副组长。自2006年3月底开始，徐扬生教授每周在香港、深圳两地奔忙，他把香港中文大学许多管理制度带给筹建中的先进院，提供了规范的参照体系。

令人难以忘怀的是，最早到位的5位香港中文大学教授在先进院牵头组建了5个研究中心：徐扬生组建了智能仿生研究中心，王平安建立了人机交互研究中心，孟庆虎办起了智能传感研究中心，徐国卿建立了汽车电子研究中心，杜如虚组建了精密工程研究中心；加上樊建平组建的高性能计算研究中心、于峰崎创办的集成电子研究中心，先进院最早的七大研究中心陆续建了起来。

当时的先进院在国际上并没有名气，这样一所尚处于筹备阶段的科研机构很难吸引到海外一流人才，因此，这些香港中文大学教授为早期先进院把握学术方向，积极发挥各自在学术圈的影响力和号召力，为先进院吸引了很多优秀的科技人才，也为樊建平亲赴海外招聘国际一流的人才打开了局面。

2006 年底一次国际研讨会上，樊建平与多位知名教授分析国际最新科研学术方向，香港中文大学时任生物医学工程学部主任、国际医学与生物工程院院士张元亭教授有心在国内组织建设研究所，而且与樊建平的交谈很投缘，最后商议决定在先进院筹备成立生物医学与健康工程研究所。

"当时，张元亭说生物医疗器械方向很有发展潜力，我们也调研了国内的医疗器械产业，发现国内市场需求确实很大，但被国外知名的医疗器械品牌垄断已久，亟须国产品牌替代。因为还有一个补课式的发展机会，就可以考虑成立医工所，专注在这个领域做核心技术的研发。"樊建平坦诚地说，"去国外招聘时，我们看到国际知名高校都在布局生物医药产业，越富有的国家对生命健康领域的投入越大，美国在卫生保健方面的支出约占财政支出的 40%，而中国当年只占 10%，生命健康领域未来发展潜力肯定相当巨大。先进院刚开始筹建，员工工资有一个标准，我们对 IT 和 BT 的人才是一视同仁的，但海外 IT 专业的科研人员工资较高，月薪比其他专业人才要高出 20%，可以说，先进院是用平等的工资滋养 BT 领域的发展。先进院在深圳实际采取错位发展的策略，深圳的 IT 产业非常发达，像华为、腾讯这些著名的 IT 企业对技术人才开出的薪酬待遇很高，甚至深圳本土高校都会来先进院用高薪挖人。从错位竞争和长远发展的角度看，先进院选择生物医药和医疗器械领域是一个不错的选择。于是，医工所应运而生。"

医工所的诞生，标志着先进院从最初以 IT 为主的学科设置，迈入了 BT 研究领域，开始走上 IBT 融合发展之路。

深圳先进院IBT融合发展的新优势

先进院集成所所长李光林认为，先进院 IBT 融合发展拥有独特的优势，IBT 融合需要在 IT 和 BT 两个方向上都有所布局，先进院在每个方向各设置了 4 个研究所，IT 方向上有集成所、数字所、材料所和碳中和所，BT 方向上有医工所、医药所、合成所、脑所。"非常幸运的是，我们这些研究所都在一个院子里，彼此交流和合作非常频繁，一些跨界的创新成果也由此产生。"

IBT 融合发展，是先进院创立后就确定的发展理念。由李光林担任主任的人机智能协同系统重点实验室，是先进院继中国科学院健康信息学重点实验室获批后的第二个中科院重点实验室，标志着先进院在智能与健康两大重点领域迈出学科交叉的重要一步。其实，这两个中科院重点实验室都是对 IBT 融合领域的布局。

李光林介绍："人机交互是 IBT 融合的关键技术之一，从信息处理方面需要 IT 的技术，和人的交互就属于 BT 的领域，我所选择的康复方向需要 IBT 融合技术。回国后有机会牵头做人机智能协同系统重点实验室，旨在建成一个在人机智能协同及系统领域具有国内领先和国际先进水平的交叉学科研究机构。神经重建、机器学习、智能控制、人机交互、机器视觉、言语认知、触觉传感、运动感知、三维重建等交叉领域的十余名研究员和二十余名副研究员、高级工程师组成团队，还聘请十余名国内外人机智能协同及系统相关领域的著名专家学者组成学术委员会，学术委员会主任由先进院集成所的创所所长徐扬生院士担任。 人机交互是一个重要的发展领域，这个实验室为人机交互技术发展打下了坚实的基础。"

如今，集成所以"需求为导向"，开展智能机器人、人机智能交互、智能系统等领域的基础性、前瞻性及应用技术研究。集成所 11 个研究中心的研究工作几乎都涉及 IBT 融合方向，包括智能仿生研究中心、神经工程研究中心、软体机器人研究中心、机器视觉研究中心、认知与交互技术研究中心、环绕智能与多模式系统研究室、人机控制研究室等。

从IBT再向BT倾斜发展

2014 年以后，先进院开始大力支持脑所和合成所的发展。

医药所是继医工所之后，在先进院成立的第四个研究所，由埃默里大学—乔治亚理工学院纳米技术个性化及可预测肿瘤中心主任聂书明教授担任医药所筹建组组长，蔡林涛当副组长。医药所成立后，先进院进一步加

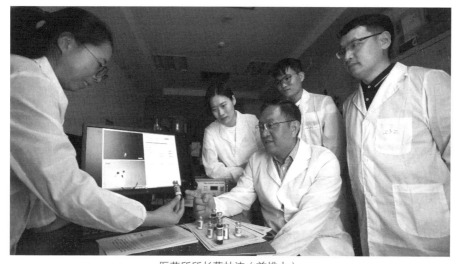

医药所所长蔡林涛（前排中）

强了 BT 领域的科研力量。

此后几年内，医工所又培育出脑认知与脑疾病研究所，医药所培育出合成所。脑所的成立，得益于跟国际一流脑科学研究机构的合作，建立新的灵长类疾病模型，用于脑疾病机理和新药靶点的研究，成为美国和欧洲科研机构及制药企业的共同期待。由于灵长类动物在亚热带可以全年繁殖，所以国际一流的脑科学研究机构在我国南方寻找合作伙伴，深圳先进院与该研究机构优势互补，强强联合，于 2014 年 11 月联合成立了脑所，并得到深圳市引进海外创新团队的支持。这也是深圳市在配置全球创新要素、推动国际合作、建立全球创新高地上的重要举措。这一研究平台旨在推动基因编辑技术的脑认知研究，开发新药物，维护大脑健康。

合成所前身是医药所里的一个研究中心。该中心负责人刘陈立对国际前沿技术的发展具有敏锐的洞察力，他曾陪同樊建平在美国参观了哈佛、斯坦福等著名高校的生物实验室和最新的合成生物企业，让樊建平对刚刚兴起的合成生物技术产生了巨大兴趣。

樊建平分析道："合成生物技术确实可以为人类面临的能源、健康、环境、安全等重大挑战提供新的解决方案，是改变世界的十大颠覆性技术之一。国内的科学院体系内当时没有这个方向的研究机构，深圳设置的科研方向一定是在短期内能有产业化效果的，基于这些因素的综合考虑，我们决定成立合成生物研究所。"

作为合成所首任所长，刘陈立对先进院给予合成所的大力支持记忆犹新："樊建平院长看到了用综合学科的力量解决生命科学的问题是全球科技的前沿，以他为首的先进院领导班子对 IBT 融合方向和 BT 方向给予了充分关注。如果没有制度倾斜，先进院的 BT 科研队伍是长不起来的。先进院支持 60% 经费，中心或者课题组出 40%，那么 60% 的经费哪里来？实际上是用几个 IT 研究所多年积攒的经费，重点支持 BT 的发展，因为 BT 还处于成长初期，研究周期比较长，拿到的大项目也不多，所以相当长的一段时间里都是靠 IT 养 BT。2020 年之后，BT 的重要性在全球范围内凸显出来。习近平总书记提出科技事业发展要坚持面向世界科技前沿、面向经济主战场、面向国家重大需求，又与时俱进地进行了创新突破，增加了'面向人民生命健康'，生命健康成为我国科技事业的战略方向。如果在疫情发生之后，先进院再着手布局 BT，那就来不及了。由于樊建平院长对科技前沿具有敏锐的嗅觉和准确的判断，先进院得以提前布局、迅速行动，经过 8 年发展，已在深圳建设起一支近千人的队伍，不论人才规模还是科研产出，先进院合成所都称得上全球最大的合成生物研究基地。"

正如先进院首任党委书记白建原所说："中国科学院领导班子对我们提出了要求，其中之一就是希望先进院的创办能够改善学科老化的问题。我们对学科的认识和选择也有一个过程，不仅要考虑现实需求，如对制造业的学科建设数量，也要考虑国际科研发展的最新趋势，否则就只能是走引进、吸收、消化的老路，甚至关键技术被制约。"于是，先进院的创始班子一边跟踪国际科技前沿最新发展趋势，一边结合深圳市产业的实际需求和先进院的自身发展策略，走出了一条 IT、IBT 融合发展，再向 BT 倾斜的发展之路。

第十一章 建设高端科研青年人才队伍

先进院不断建设一流人才队伍，不仅频频获得国家级人才项目支持，而且承担多项科技部重点研发计划、重大专项等国家项目，满足国家科技战略的需求，充分发挥科研"国家队"的使命。

2017年4月加入先进院、时任先进院党委书记的杨建华曾经总结了"先进院模式"的几点经验，其中一条就是"一流的人才队伍是根本"，是"先进院模式"成功实践的重要保障。在组织运营中，深圳先进院坚持"人才一流、科研一流、管理一流"，定义了先队伍、后经费、强管理的优先级，确立了人才在科学研究过程中的主导作用，并在人才引进、流动、薪酬、考评制度上不断完善，不断创新突破原有的人力资源管理机制体制，激活人才的创新思维与活力，凝聚和培养了一支年轻科研队伍。近年来，在多个领域不断生成一流的前沿科技成果。

青年博士凭实力勇挑大梁

2012年8月，葛永帅前往美国威斯康辛大学麦迪逊分校攻读医学物理专业博士学位，主要从事医用CT成像理论和系统方面的研究。

2016年秋天，他开始寻找回国发展的机会。通过比较，他发现深圳先进院医工所郑海荣研究员领衔的劳特伯生物医学成像研究中心是国内从事生物医学 CT 成像研究实力最强的研究团队。因此，他怀着忐忑的心情给郑海荣研究员写了一封求职邮件，详细介绍了自己在美国完成的主要科研工作，希望申请先进院博士后或者助理研究员的工作岗位。

2017 年春节，时任劳特伯生物医学成像研究中心副主任的梁栋研究员邀请葛永帅利用回国过春节的机会到深圳先进院参加面试。

于是，身为北方人的葛永帅第一次来到南海之滨的鹏城，这里的冬季也是花团锦簇，风景宜人。可他来不及欣赏深圳的美景，大年初七早上就匆匆往南山区大学城方向赶。

"我记得那天是先进院春节假期后上班的第一天。上午 10 点来到先进院，先进院给我的第一印象是安静、有序、充满活力，绿草如茵的工作环境堪比美国著名大学和科研机构。在面试现场，我见到了樊建平院长、白建原书记、郑海荣副院长、刘新副所长和梁栋主任。他们面带笑容，给我的印象非常和蔼可亲，让我的心情瞬间放松下来。给我印象最深的是年轻的郑海荣副院长，他问我是否擅长研发新型 CT 成像系统与科研设备。我点点头，回答道：'我在美国接受的科研训练主要是医学成像理论和实验，搭设备和做系统是自己的主要研究兴趣。'"就这样，葛永帅顺利地通过了面试。令他万万没想到的是，先进院承诺给予他副研究员的职位，这样的结果远远超出期望。说起这次面试，葛永帅至今仍心存感恩，感谢先进院对自己的信任与支持，他满含深情地说："如果没有先进院提供的职业平台，自己不可能取得今天的成绩。这也是许多当年选择留在美国发展的同学和朋友根本无法想象的事情。"

葛永帅入职后，便开始积极参与科研基金项目的申请，逐渐从一个基金写作"小白"历练成写作高手。

"我回国后的第一个科研基金项目是 2018 年 8 月份获批的国家自然科学青年基金。这个基金项目标志着我在国内科研工作的正式起步，也为

2020 年申报重大仪器研制项目奠定了重要基础。"葛永帅回忆道，"我在美国并没有申请科研项目的经验，那次基金申请过程得到很多前辈的耐心帮助。从郑海荣副院长那里，我学会了既要符合现有章法，又要敢于突破前人的方法和思路，大胆提出创新研究；从刘新副所长那里我学会了写本子与写文章的区别，如何尽量让专家在较短时间内就明白课题的重要性和前沿性；从梁栋研究员那里我学会了如何凝练科学问题、如何把具体的研究内容用严谨的逻辑连接起来。该基金项目申请书前前后后一共修改了 8 个版本，终于由晦涩难懂的文字转变成通俗易懂的科研基金申报材料。这次申报过程让我深刻感受到先进院的团队作战风格，也对自己的科研工作充满了信心，培养了使命感。"

葛永帅获批的国家自然科学青年基金项目名叫"优化 X 射线相衬成像辐射剂量效率的研究"，重点解决新型 X 射线光栅相衬成像方法中相位信号噪声高、精度差的问题，研究成果丰富了相衬成像理论，有效提高了相衬图像质量，最终达到优化系统辐射剂量效率的目标。项目执行期内共发表 5 篇高水平 SCI 论文，3 篇国际会议论文，申请发明专利 5 项，授权 1 项。

2018 年 5 月，先进院医工所成立了一个新的医学人工智能中心，梁栋研究员出任中心主任，葛永帅被任命为中心副主任。该中心以临床需求为导向，借鉴人工智能前沿，聚焦"数据采集、成像方法、图像处理与分析、辅助诊断及预后管理"的全链条医学研究智能化。

葛永帅勤奋努力取得的科研成绩也是有目共睹的。2020 年，他牵头的"纳米分辨 X 射线微分相衬显微镜"课题成功获批国家重大科研仪器研制项目，这又是一项具有重大开创意义的科研工作。目前，该项目进展顺利，已完成物理设计、机械设计、关键部件选型与采购，超额完成预定的阶段性研究目标。

"我们希望项目完成后能够在仪器产业化方面有所突破，实现实验室用纳米分辨 X 射线显微成像仪器的国产化。纳米分辨 X 射线显微成像仪器还有望用于芯片的无损检测、研究新型纳米材料微观结构等，应用前景十分广阔。"葛永帅描述着该仪器的未来，语气里透出欢愉和信心，"先进院给予我的平台和机会是过去想都不敢想的，这里对年轻人的发展从来不设限，只要你想干事，就让你干事，可以甩开膀子干得越来越好，会有很多优秀的同行者为你喝彩！"

只要展示出能力，你的才华就会被看见

2022 年 2 月，先进院医药所王怀雨研究员被中科院评为"青年创新促进会优秀会员"。迄今为止，先进院已有 7 名科研人员获此殊荣。

"2013 年底，我结束了香港城市大学博士后研究工作，加入深圳先进院，成立生物材料表界面课题组。2016 年底被破格晋升为研究员，2019 年获批国家'优青'项目。如果没有到深圳先进院，我想自己不会成长得如此之快，这里开放而严谨的科研氛围、公平公正的晋升机制，不断激励我奋勇向前，挑战潜能。"王怀雨发自肺腑地说。

2019 年，他在《生物材料》学术期刊上发表了一篇论文，介绍了关于黑磷基生物材料促成骨修复的最新科研成果。骨质疏松、骨肿瘤、感染、关节炎等疾病导致的骨缺损修复是骨科的关键技术难题，生物材料植入是骨缺损修复的重要手段。王怀雨团队成功研制出一种以二维黑磷作为基材的新型骨科植入材料，能够在近红外光的介导作用下通过微热刺激促进骨缺损部位的再生修复。在此项工作中，他恰好运用了"生物适配"这个概念，而此理论的提出者正是华南理工大学王迎军院士。论文发表后，王迎军院士的学生施雪涛教授联系上王怀雨，二人深入探讨了骨科植入材料的"精准生物适配"需求。之后，当施雪涛教授牵头申请国家重点研发计划的

时候，王怀雨很自然地承担了 4 个子课题中的一个子课题。2021 年，王怀雨作为子课题负责人承担的"精准生物适配型骨再生修复材料及关键技术"项目入选了国家重点研发计划。

王怀雨说："只要展示出能力，你的才华就会被看见，就有可能获得更好的机会和更大的平台。在这个国家级科研项目里，我们聚焦骨再生修复材料的精准生物适配，这一关键科学问题针对骨质疏松、骨肿瘤、感染、关节炎等复杂病理特征下的骨缺损治疗，围绕类骨无机非金属材料的可控设计制备、功能化调控关键技术、精准生物适配机制及其应用技术，突破不同病理条件下材料结构、力学、降解、组织功能等适配关键技术，发展'精准生物适配'理论，建立多学科集成的骨精准再生修复成套技术，实现术前—术中—术后的'一站式'高效精准治疗。"

王怀雨的快速成长离不开先进院这个平台，他清楚地知道自己有多么幸运。

"我第一个要感谢我的恩师——香港城市大学的朱剑豪教授，他创立了亚洲地区首个等离子体实验室，并逐渐成为该领域的国际学术领袖之一。我曾在他的实验室做博士后研究，又随他的脚步来到先进院工作。朱教授的主要研究方向为新型等离子体技术的开发及产业化应用，广泛应用于生物材料表面的功能构建。在他的大力支持下，我在先进院早期的科研工作有了较高的起点。"王怀雨对自己遇到的良师无比感激，"如果说朱剑豪教授是指点我科研方向的高人，那么，樊建平院长、潘浩波研究员和喻学锋研究员就是给我提供成长机会的贵人。"

2013 年，他从香港城市大学准备回内地发展，只给深圳先进院一家单位递交了求职信，潘浩波研究员组织了一场面试。后来，潘浩波转告王怀雨说："那天樊院长亲自面试之后，对你给予了充分的肯定，说了一句：'这个小伙子，应该能行。'"王怀雨停顿了一下，回忆道："我对面试印象最深刻的是，樊院长告诉我，前三年的人员工资不用我考虑，等我融入了内地的科研环境，3 年后就能有所产出了。我听了这句话非常振奋并充满干劲，入职后很快就招到了 3 个博士后，组建了一支得力的科研团队，开始充满激情地投入科研事业。那个时候，我只是一名很普通的副研究员，可院长给予我充分的信任。只要是金子，总有一天会发光。就是怀着这样一种信念，坚持不懈地干了 8 年，先进院一点也没有让我失望，反而让我收获不少惊喜。"

2015 年，喻学锋从事的黑磷材料研究渐入佳境，也遇到了一些棘手的难题。他找到王怀雨说："黑磷是一种天然的半导体，其带隙宽度可调、电学性能优越，光学性能同其他半导体相比也有巨大优势，可以用于构筑新一代光电器件。然而，黑磷存在着一个致命缺陷——缺乏稳定性，极大限制了黑磷，尤其是二维黑磷的研究和工业应用。能不能用你擅长的表界面修饰方法提高二维黑磷稳定性？如果可行，那用途就更广了。"

同喻学锋研究员交流之后，王怀雨立即跟团队成员赵岳涛博士展开调研。调研后发现：二维黑磷之所以性能不够稳定，是因为容易被氧化和水解，如果给二维黑磷穿上保护性的"外衣"就可以隔绝相关反应。基于此，他们团队创新地提出用配位化学的方法提高二维黑磷的稳定性。2016 年春天，喻学锋、王怀雨研发团队在二维黑磷领域取得新突破，首次成功制备出了具有高稳定性的二维黑磷材料，相关工作以封面文章 "Surface Coordination of Black Phosphorus for Robust Air and Water Stability"（"黑磷表面配位修饰以提高空气与水中稳定性"）在线发表于化学领域权威刊物《德国应用化学》，引起学术界和产业界的高度关注。

从那以后，王怀雨还将二维黑磷引入生物材料领域，将黑磷纳米片与可生物降解的医用高分子 PLGA 相复合，制备出一种具有光热响应作用的新型骨科植入材料。

"骨科材料功能从静态功能变成了动态功能，比如在 40—42℃进行局部光热刺激，就能够显著促进骨缺损部位的组织再生，而黑磷纳米片的添加还能调控高分子基材的降解。"王怀雨解释道，"针对骨科植入手术的术后感染问题，我们还通过二维黑磷修饰方法制备出一种多功能骨组织工程支架，可通过近红外光照的方式进行调控。这与王迎军院士提出的'生物适配'理念非常契合。"

过去，王怀雨是一个没有人才"帽子"的普通科研工作者。如今，虽然已经成为国家"优青"，但仍保持着奋力奔跑的姿态，主持国家、省、市级多个科研项目，开展多种综合工作。

王怀雨真诚地说："能在这个平台上做自己喜欢的研究，通过努力拼搏赢得大家的认同是多么值得庆幸和珍惜的事情啊！这也是我能够不断前行的动力来源。"

加盟深圳先进院，很有归属感

於邱黎阳的履历十分亮眼：2012 年，武汉大学化学基地班本科毕业，就获得瑞士洛桑联邦理工大学卓越奖学金资助赴瑞留学。在瑞士洛桑联邦理工大学化学系攻读硕士和博士，于 2018 年获得博士学位，并因以第一作者身份在《科学》杂志发表论文，获得优秀博士毕业论文奖。次年完成马克斯普朗克医学研究所博士后工作，在瑞士制药公司担任科研主管。2020 年 11 月，入选国家高层次海外人才青年项目，入职深圳先进院任研究员和博导，还获得深圳市国家级领军人才称号。

回国才一年多时间，他就开始承担科技部的重大科研项目。於邱黎阳感激地说："加盟先进院，很有归属感。有老一辈科学家对我的接纳和帮助，才让我拥有了深入开展科研工作的信心和勇气。"

2019 年 7 月，於邱黎阳回国一周，到先进院参观，并撰写人才项目申报材料，科研处老师带他拜访合成所戴俊彪老师。戴俊彪主要从事表观遗传学与合成生物学研究，开发基因合成、组装及全基因组设计与合成技术，是人工合成酵母基因组国际计划（Sc2.0）和国际基因组编写计划（GP-write）的主要成员，牵头发起了"国际基因组编写计划·中国（GP-write China）"国际合作项目，是我国合成基因组学领域的代表性学者。戴俊彪实验室已经在《科学》《自然》等国际顶尖学术期刊上发表了一系列研究成果。2017 年 3 月与 Sc2.0 合作团队在《科学》以封面专刊形式发表了五篇染色体合成相关文章，戴俊彪为其中一篇唯一通讯作者。该成果入选 2017 年中国科学十大进展、中国高等学校十大科技进展、中国科技进展十大新闻，被认为是合成生物学上的一个里程碑。

"没想到戴老师不仅睿智，而且谦逊，他仔细审阅了我写的申报材料。由于我缺乏独立开展科研工作的经验，所以思考问题比较发散，他指导我要注重凝练，提出问题要切中要害，让我的申报材料的水平得到了很好的提升。"於邱黎阳 2020 年 11 月回到国内，在上海进行隔离。就在隔离的第二个星期，他突然接到先进院医药所同事的电话，告诉他国家级人才项目获批了，这意味着他在国内的科研工作有了一个很好的起点和资金保障。

戴俊彪本人正在做 DNA 存储技术的研发，需要蛋白质工程专业的科研人员实现对可控 DNA 合成酶的设计与开发。于是於邱黎阳一入职先进院，就加入了戴俊彪的研究项目，在科技部"生物与信息融合"重点专项——"基于大规模可寻址可控催化原理的 DNA 合成新技术研发"项目中，负责新型 DNA 合成酶的改造、筛选与活性调控。

"把信息存储在 DNA 里面，需要写入工具，我研究的 DNA 合成酶就相当于写入工具。"於邱黎阳介绍。DNA 是生命遗传信息的存储载体，有保存空间小、存储时间长等巨大优势，将人类信息"写"在 DNA 中，是一种新型信息储存策略，也是各国产业界和学术界竞争的焦点。近年来，以酶促合成为原理的第三代 DNA 人工合成逐渐崛起，以末端脱氧核糖核苷转移酶（TdT）等聚合酶为核心的酶促合成技术受到学术界和产业界的广泛关注，是人工 DNA 合成领域的创新热点。

"这是一项很有挑战性的工作，但我非常愿意参与这个高水平的跨界合作项目。"於邱黎阳愉快地说。

让年轻人才安心科研，无后顾之忧

先进院医药所党总支书记、所长助理畅君雷博士说："深圳先进院是一个看'真本事'的地方，不论是国外还是国内过来的，不论是中国人还是外国人，只要你能拿出一流的科研成果，就是英雄，对所有科研人员一视同仁。除了公平公正之外，这里的学术氛围十分自由，没有人会干涉你的学术方向。你可以根据自己的兴趣自主决定研究方向。回国后，我非常享受在学术海洋里自由游弋的乐趣。"言谈中流露出对先进院这个事业平台的赞赏，直爽、热忱、精进是畅君雷博士身上的明显特质。

2007 年至 2012 年，畅君雷在香港大学李嘉诚医学院攻读博士学位，师从生物医药技术国家重点实验室主任徐爱民教授，曾获香港大学研究生特别奖学金，并且获得香港大学—哈佛医学院联合培养博士项目资格。在哈佛医学院期间，他发现自己对脑血管的研究更感兴趣，于是 2012 年博士毕业后去斯坦福大学医学院做博士后研究，专门对脑血管的功能调控机制进行深入研究。

2016 年，樊建平院长亲自带队去美国斯坦福大学召开人才招聘宣讲会，医药所副所长万晓春专门介绍了先进院在抗体药物研究方向所做的积极探索，并且非常有诚意地邀请畅君雷加盟他的团队。

次年1月，畅君雷回国加入先进院，担任医药所抗体药物研究中心（现为"蛋白与细胞药物研究中心"）脑血管生物学与疾病课题组负责人。

回国后，畅君雷第一次申请国家海外高层次人才引进计划，由于研究方向不够凝练和项目答辩经验不足，那次申请并没有成功。他说："之前的求学经历十分顺利，首次申请国内人才项目遇阻，就是给我的当头棒喝。我痛定思痛，专门找时任先进院副院长吕建成、集成所所长李光林等具有丰富项目申报经验的资深专家请教。从写本子到答辩，他们对我进行了'一对一'的精心辅导，甚至对答辩PPT逐字逐句修改，帮助我顺利申请到中科院引才计划和国家青年人才计划。我担任医药所所长助理后，对新入职的科研人员也同样非常用心，将从前辈们身上学到的宝贵经验倾囊相授，把先进院这种'传帮带'的优良传统继承发扬下去。"

作为年轻的引进人才，畅君雷对先进院提供的各种贴心服务特别满意。2017年1月入职后，先在院里的专家公寓住了一个月；很快就搬到华侨城一套两房一厅的人才公租房；不到一年，他又搬到距离先进院更近的三房两厅的公租房。"先进院'3H工程'措施有力有效。2019年我准备自己买房的时候，院里有专门措施为人才安居提供帮助，为吸引和稳定人才发挥非常大的作用。"畅君雷充满赞赏和感恩地说。

2021年，畅君雷获批承担"中科院—香港裘槎基金会联合实验室"研究平台，并得到中科院对外合作重点项目配套支持。他介绍："这个平台项目是在深港创新圈项目的基础上，进一步深化深港两地生物医药研发，利用香港大学生物医药技术国家重点实验室和深圳先进院在代谢性和心脑血管疾病研究、新药靶点鉴定、抗体工程和临床前开发等方面的优势，研发心脑血管疾病个体化治疗的单克隆抗体新药。"

畅君雷对深港科研融合创新充满信心："先进院本身的基础研究与成果转化并重的氛围与斯坦福很相似，深圳拥有活跃的创新环境，非常有助于成果的快速转化。尤其在粤港澳大湾区经济一体化发展的时代背景下，深入开展深港科技合作有十分广阔的市场前景。"

深圳是一座相信年轻人的城市

2016 年，在耶鲁大学做博士后研究的傅雄飞决定回国加入先进院，那一年他刚 30 岁，刷新了入职先进院最年轻研究员的纪录。

经过 5 年的锻炼，他已经成长为先进院合成所副所长，愈发成熟稳重。他见证并参与了合成所、合成创新院的建设："我从不后悔加入先进院。深圳是一座相信年轻人的城市，过去几年来，我深深体会到，在这里只要你想做，就要立即去做，肯定会有所收获。"

先进院人力资源处处长汪瑞对当年去耶鲁大学招聘傅雄飞的事记忆犹新："我跟他在耶鲁校园里谈回国后的工作待遇，他似乎没怎么听，也没有提出任何异议，等我说完，他很干脆地回复说：好，我下半年就会到岗。"

傅雄飞对那次面谈也终生难忘，因为当时樊建平院长还在耶鲁校园一个会议室里进行招聘人才的宣讲，汪瑞趁这个空当约他去小花园聊聊。

傅雄飞回忆道："我跟刘陈立在香港大学读博士的时候就相熟了，他 2014 年加盟先进院，告诉我有空去先进院看看，他还说'深圳是相信年轻人的城市'。怀着对先进院的好奇，我曾在 2015 年去先进院参观过，虽然当时先进院还没有很完善的合成生物科研设施，但我感觉那里很有活力，那时就想如果回国就选这里了。所以，当汪瑞跟我说待遇等细节，我并不那么在意，我最在意的就是'深圳是相信年轻人的城市'，作为年轻的科研人员，肯定要在一个值得托付的平台上奉献才智的，其他的细节都是次要的了。"说到这里，他发出咯咯的笑声。

傅雄飞曾于 2013 年进入美国耶鲁大学分子细胞发育生物学系从事博

士后研究，2016年秋天加入深圳先进院的时候，是第三个加入合成所（筹）的青年课题负责人。

作为年轻的"80后"博导，傅雄飞非常鼓励跨学科的研究，合成生物学本身就需要交叉融合的创新，因此，学物理出身的傅雄飞将数理模型和定量实验相结合，研究生物系统中的基本问题，期望能从中寻找到生物世界的简单规律，开发出计算机辅助设计工具，帮助合成生物学工程"绘制"更复杂的"图纸"，搭建功能更强大的生命体，先进院合成所给他提供了非常理想的平台。

傅雄飞回国不久，就跟随刘陈立一起，参与了合成生物大设施的争取和筹建工作。合成所从十几个人起步，到2022年夏天已经是拥有900多人的合成创新院，成为深圳先进院8个研究所中人员规模最大的一个。傅雄飞介绍道："刘陈立的脑海里有一个合成生物学发展的版图，每一位PI则代表一小块拼图，缺什么方向的人才就去全球寻找，通过严格的筛选机制让最优秀的人才加入到团队中，形成一支国际化、高水平、跨学科的合成生物学研究团队。"

傅雄飞见证了合成所的成长，他说："我们都是做科研出身，没有在管理岗位干过，所以很多事情都是边干边摸索。初创阶段，白建原书记关心我们的发展，他曾说过一句话，对我启发很大，就是'善于补位'。因为初创团队有时分工不明确，有新事情突然冒出来需要处理，就要机动灵活地处理一些事情，我常常用这句话鼓励新加入的同事，有什么事情就一起上。比如，最开始申报光明合成生物产业创新中心，所有同事一起上，从建议书到可行性方案，3个月内走完所有的流程。经过几次硬仗之后，我们团队就形成了工作组形式，有紧急任务就从工作组配置资源，也让管理逐渐规范起来。"

回顾加入先进院的这段经历，傅雄飞感慨地说："深圳确实是一个相信年轻人的城市。我回国的时候，万万想不到自己会参与一个大型基础设施的建设，有机会参与了全过程，我深感荣幸。时刻保持对新事物的思考，敢于尝试新的挑战，如果没有胆量去想或者想了不去做，那就不可能成功。"

作为"先锋者"成为国际知名学者

戴磊在美国麻省理工学院获得物理专业博士学位，之后到美国加州大学洛杉矶分校医学院做博士后研究，2018年回国加入深圳先进院，投身于他喜爱的微生物组研究领域。

2019年12月，先进院合成微生物组学研究中心主任戴磊作为"先锋者"代表跻身《麻省理工科技评论》"全球35岁以下科技创新35人"中国榜单，也是来自中科院研究院所的唯一入选者。

"全球35岁以下科技创新35人"中国榜单颁奖典礼现场（右一为深圳先进院合成所戴磊研究员）

对戴磊的获奖理由，颁奖词这样写道："（他的研究）为理解和改造微生物组、抑制微生物的耐药性进化等众多实际应用提供了重要的科学基础，开拓合成微生物组领域，构建定量生物学模型和合成生物学工具平台，为微生物组改造及预测提供关键手段。这些开创性工作具有巨大的商业化前景，或将成为中国在相关医疗、农业领域冲击世界前列的重要砝码。"

面对外界热切的评价和祝贺，戴磊谦虚地说只是幸运，借此机会能够让更多人关注和了解合成生物学领域的发展，是一件属于合成所的好事。

尽管他如此谦虚，学术界却不会忽略他的研究成果。戴磊以第一作者或通讯作者身份在《科学》《自然》等国际顶尖的学术期刊发表多篇论文。在博士后阶段，通过高通量实验、生物信息学、统计模型等手段研究微生物的生态与进化机制，为理解和改造微生物组、抑制微生物的耐药性进化等众多实际应用提供了重要的科学基础。相关研究曾经获得《科学新闻》《每日科学》等学术媒体报道，登上《中国科学报》的头版。

2019 年 5 月 30 日，国际人类微生物组联盟倡议发起"国际微生物组大科学计划"，拟对全球 100 万人的微生物组进行 DNA 测序，发展人体健康个性化测量的相关技术。全球科学界对微生物组的研究如火如荼，戴磊在先进院平台上也加快了对微生物组研究的步伐，主持了多个国家级科研项目，包括国家重点研发计划青年科学家项目"治疗炎症性肠病的合成肠道菌群的构建及应用"和国家自然科学基金委国际合作项目"植物代谢产物对根际微生物生态网络的调控"。

戴磊还携手产业界对最先进的微生物技术成果实现推广应用。2019年，先进院合成微生物组中心与深圳未知君生物科技有限公司共同宣布成立"微生态制药"联合实验室，由戴磊担任联合实验室执行主任。联合实验室主要围绕肠道微生物分离、鉴定、筛选、成药等方面开展前沿技术研究，积极开发治疗炎症性肠病、癌症、自闭症等重大疾病的肠道微生态药物。2020 年底，未知君公司入选全球"50 家聪明公司"榜单。2021 年，蒙牛与戴磊领衔的合成微生物组中心共建联合实验室。戴磊介绍："人体健康与肠道菌群息息相关，我们运用微生物组技术、合成生物技术为营养健康产业赋能。"

坚持海外引才，尤其瞄准青年人才

樊建平介绍，坚持到海外招揽人才，尤其瞄准青年人才是先进院坚持了十多年的人才战略。扎根经济特区 15 年以来，深圳先进院通过"以才引才、事业引才、产业引才"等方式，面向世界科技前沿、国家战略、地方科技产业重点布局，形成具有特色并卓有成效的引才模式。

为何要到海外揽才呢？因为美国依然是当今世界科技创新的中心，美国科学家在信息领域、生命健康领域都产出了不少颠覆性的科技成果，尤其在全球前 5 名的大学里，聚集了一大批世界科技前沿的领军人才。如果先进院只把目光放在国内，那么人才储量并没有增加，只有去海外名校把一流人才招揽回来，才能为我所用。要做出一流科技成果，必须拥有一流的人才，这是显而易见的道理。

俗话说得好，种下梧桐树，引得凤凰来。先进院不断优化引才环境和引才政策，不拘一格聚集社会英才。首先，先进院不断建设和完善与国际接轨的科研环境，给海归人才提供全方位的科研支撑服务，建立以海外高层次人才为主体的人才队伍；引进创新团队实现人才从柔性引进到全职引进；与知名高校院所共建研究单元，形成海内外的协同研发机制。

深理工的建设给先进院引才带来了新的契机。深理工与深圳先进院从人员双聘、研究生联合培养、科研平台共享起步，逐渐实现融合发展。深理工坚持"全球招聘"战略，充分发挥国家科技力量和深圳先进院的平台

173

优势、粤港澳大湾区优良的创新创业政策优势和环境优势，聚天下英才而用之。

樊建平对年轻人才情有独钟，先进院设立了"青年基金"，可通过竞争获得 200 万元至 1000 万元的额度支持，国家设有优秀青年科学基金和国家杰出青年科学基金，对年轻科学家的支持力度也越来越大，这就给先进院减轻了海外揽才的财务压力，增加了更多人才储备。

2020 年度深圳先进院有 6 位青年科研人员从国家自然科学基金委五个科学部分别获批国家优秀青年科学基金，获批数创历史新高，充分体现了深圳先进院多学科交叉集成特色和齐头并进的发展态势。大部分获资助者具有良好的产业化背景，也体现出深圳先进院的工研院定位以及学术引领服务产业的特色。樊建平透露："此次获评的 6 位科研人员，有 5 位来自医工所，说明医工所经过十多年的建设沉淀了一批科研产出很强的优秀人才。无论是海外引进还是本土培育的优秀青年，先进院给的待遇都是公平公正的。他们共同参与布局新的学科方向。"

鲜有人知的是，樊建平在 2014 年获得深圳市"市长奖"，他把 100 万元奖金捐献给先进院，设立了"院长奖学金"，每年评选两位优秀员工和两位优秀学生，分别给予"院长优秀奖"和"院长特别奖"的奖励。这也体现出樊建平对科研领域优秀青年的推崇和提携。在评比中胜出的年轻人，都为获得此项殊荣感到莫大荣幸，也为他们日后继续在科研领域耕耘注入了新的动力。

为人才提供"四步曲"申报支撑服务

2021 年，先进院在国家自然科学基金委申报项目上取得重大突破，获批数量再创历史新高，获批 4 项国家杰出青年科学基金和 5 项国家优秀青年科学基金，上会答辩通过率达90%。

2021年，先进院申报科技部重点研发计划的"青年科学家项目"也收获颇丰，共获批7项。其中"合成生物学"专项5项占当年资助的全国青年科学家数量的一半（全国共10项）；合成所黄小罗获批"生物与信息融合"专项1项，数字所叶可江研究员获批"工业软件"专项1项。

近5年，先进院共获批国家自然科学基金委6项杰出青年科学基金、17项优秀青年科学基金，及科技部青年科学家项目10项，在中科院系统研究所中名列前茅，这得益于先进院的青年人才培养举措以及良好的"传帮带"文化。

先进院科研处副处长谭乐介绍，先进院利用自有资金设立优秀青年基金，鼓励青年人才挑战前沿科学问题，为青年拔尖人才、后备青年队伍提供分层、分类项目支持，形成具有特色的人才自主培养体系。

为了做好国家重点项目的申报，先进院形成了颇有特色的"四步曲"支撑服务：第一步为经验分享会：每年9月，科研处邀请先进院当年各学部的项目获批人分享心得体会，展示PPT，传授经验；第二步为申报交流会：科研处组织申报人展示项目申报思路，凝练成果，专家提出初步意见，理清思路；第三步为申报书指导：科研处收集申报人的项目申报书，交给各领域专家修改，完善细节；第四步为项目预答辩：科研处精心组织申报人模拟项目答辩，请各领域专家提出意见。

"先进院形成了良好的文化传承，院内的很多专家为年轻人提供各种帮助。在这样的氛围里，先进院青年科研队伍成长得非常快。"谭乐坦诚地说，"他们的奉献精神也时常激励着我，经常思考怎么把科研管理服务做得更好。"

第十二章 干部队伍：空降还是自主培养

先进院的干部队伍建设成效显著，各个研究所、研究中心的领军人物不仅科研能力很强，而且管理经验丰富。深入剖析先进院干部队伍建设的经验，不难发现他们都是在枪林弹雨中成长起来的，先进院通过"赛马中相马"等制度，激发各类人才的创新活力，通过市场需求引导创新资源有效配置，形成推进科技创新的强大合力。

总体看，先进院的人才以引进为主，在培养的过程中逐步选拔优秀的人才。核心管理岗位是以自主培养为主，此类干部对先进院文化认同感与忠诚度较高。

先进院首任党委书记白建原说："从先进院研究所所长和研究中心主任的成长历程看，他们中绝大多数人之前没有带过团队，但他们愿意在实践中发挥长处、克服不足，在带队伍、促协作、搞管理的岗位上不断进步。正是因为各类队伍的不懈努力和协作，先进院的科研创新、管理创新理念才有真实的表达。我们之所以敢搭班子、用干部，把几十人甚至数百人的队伍交给他们去带，这都是为了给人才压担子，帮助他们成长为科研管理领域的优秀将才。"

"非常感激先进院给予锻炼的机会"

过去的两年多，南沙所的工作虽然受到新冠疫情的影响，可仍然取得了不俗的成绩。"虚拟交互远程操控平台"项目获得国家重点研发计划的支持，通过远程虚拟模拟操作器完成对挖掘机的操作，同时全方位反馈操作现场的情况，可以在工程机械、矿山机械以及医疗器械等方面推广使用。

另外，南沙所膜材料与膜分离重点实验室承担广东省防治新型冠状病毒科技攻关专项，自主研发的聚醚砜改性分离膜具有完全知识产权和完整技术体系，性能可对标美国 Pall 膜，但成本更理想。

南沙所现有百余人的研发团队，研究生以上学历占 46%，累计发表论文近 500 篇，申请专利 400 余件，其中发明专利 200 余件。主导或参与制定标准 10 余项，其中国家标准 9 项。2021 年，南沙所退出广州健齿生物公司的股权，获得现金 1820 万元。

作为先进院南沙所的一把手，袁海所长是先进院自主培养的干部。他说："自主培养干部与空降干部各有所长。一般来讲，自主培养干部对单位文化认同，对单位实际情况会更了解。空降干部较少受到管理体制的束缚，思路较为开阔。先进院较好地结合两者的优势。我曾在工程中心、科研处、南沙所、合成生物大设施多个岗位工作，实际上也锻炼了个人的综合应变能力和全面思维。2013 年以后都处于科研管理岗位，在南沙所从常务副所长到所长，过程非常锻炼人的综合能力，我逐步意识到'一把手'的职责是什么：需要去组织分配各项资源，并为团队指出前进的方向。当我被任命为合成生物大设施总经理，负责合成设施的建设工作后，实际上又一次开启了新的创业模式。工作从团队组建、设备采购，到研究开发、制度建设、运营管理等，都是一个从无到有的过程。该合成设施作为深圳市投资建设的设施中建设速度最快的一个，必然也要承担探路者的角色，前方没有现成的道路，管理者要有清晰的目标、足够的协调能力、全面的视野……这对我又是一个新的挑战。我非常感激先进院给我锻炼的机会，也珍惜每一个有开创意义的新岗位。"

深圳先进院干部是在枪林弹雨中成长起来的

先进院研究所所长的队伍中，只有孙蓉研究员是唯一的女性干部。她刚到先进院时是助理研究员，在此之前，她曾在国内的高校任职，已是副教授。她在先进院从最基层起步，再到中心主任、集成所副所长、材料所所长，一路奋斗过来。2012年成功引进并获批"先进电子封装材料"广东省创新团队项目，孙蓉是项目执行负责人，团队秉承严谨、务实的工作作风，"十年磨一剑"，为电子封装材料学科的建设和发展奠定了良好的基础。2019年，深圳先进电子材料国际创新研究院成立，孙蓉出任院长。

孙蓉说："樊建平院长关于'赛马中相马'的理念给予我在人才培养和选拔上很多启发。毫不夸张地说，在先进院成长起来的每一位优秀人才，都是从风雨中成长起来的，不断面对各种困难并积极去解决，在'战斗中成长'。对于人才培养，一是要给他试错的机会，二是考验他能否真正担当，能否跨越困难。自主培养的干部更适应本地水土，对先进院发展理念、目标的理解更为深刻。从外部引进优秀的管理人才可以带来新鲜的思想和新鲜的血液，如果从外部引入管理人才，提前清楚地告诉他考核体系，能真正赢得团队成员的人心，那就能在先进院的土壤里扎根下去。如果不能完成既定任务，不论过去成绩多么辉煌也可能出局。"

对于如何选拔人才，孙蓉有自己的认识。她强调作为一个管理者，必须具有大局观。她说："比如我们爬山，爬到顶峰，与站在山脚、山腰所看到的风景是完全不一样的，爬坡的过程是艰难的，需要团队相互扶持、相互补位，甚至部分舍弃自我、帮助队友。如果在最艰难之时能够胸中有山顶的蓝图，能够舍去'小我'，成就'大我'，说明这是一个值得培养的有大局意识的人。我们说的人才，应该德才兼备，以德为先。这个'德'就包括了大局观、乐于分享、勇于担当等品质。"

带队伍极大地锻炼了自身的能力

刚加盟到先进院的时候，先进院医工所的所长是张元亭教授，李光林所在的研究中心由贺斌教授领衔。这些海外知名教授被称为"AF 教授"（即"Affiliated Professor"）。"我记得 AF 教授们当时常说，先进院发展得好主要靠'人和'。在领导班子层面，樊建平院长和白建原书记就好比'人'字的一撇和一捺，互为补充，相辅相成，他们共同带领创始班子营造了一个良好的发展环境。"

李光林永远都不会忘记他第一次跟白建原书记的对话。

"医工所在一个酒店里举办年会，那一天我就搭乘白书记的顺风车，又闲聊起来。我当时颇为自信地说，在国内当个领导其实很简单，只要做到胸怀广大、没有私心、多考虑别人就行了。这时，白书记缓缓地说：'还必须要增加一条，就是要有能力。'她说'能力'两个字时虽然语气平静，却重重砸在我的心上，我在思考，做管理工作到底需要哪些方面的能力呢？后来，我有幸走上了管理岗位，担任集成所所长，确实感受到'能力'是多方面的，锻炼自己的综合能力需要经历很多的事情。"

在带学生的时候，李光林更强调严谨的态度。他说："因态度问题没有做好工作是不能原谅的，如果是因能力问题可以考虑原谅。有一次，我为了申报一个项目，连续高强度工作了两个星期，晚上 7 点睡到 9 点，然后再继续工作到深夜两三点，次日请博士生去装订申报材料，结果检查的时候，发现一个专利复印件装订反了。我认为这是个态度问题，是不能原谅的。"

在培养干部的时候，李光林更强调服务意识和责任心。他说："谈到管理和服务的关系，我认为管理者首先要有四个意识，即服务意识、合作意识、主动意识、担当意识。乔宇团队从集成所调到数字所之前，乔宇找我聊了两个小时。我对他说，我从医工所到集成所当所长时，就问自己：应该靠什么把大家团结起来呢？靠资历最老吗？肯定不行，必须靠自己的领导力、执行力和心胸宽广，所以你也要从学术上做到最好，以身作则，从大局方面做事，慢慢学，及时找人请教。我作为山东人有一个特点，就是答应了的事情，就要全力以赴，首先从态度上下决心承担新任务，做好集成所所长的工作。希望把我的心得与你分享和共勉。"李光林这样不厌其烦地培养年轻的队伍，也看着一些年轻人到其他平台上担任更重要的职务，会在心底里默默祝福他们。

当好头雁，才能形成雁阵

2018 年，时任医工所所长助理的梁栋调任医学人工智能研究中心主任。医学人工智能研究中心成立不久，就承担了多个国家重大科研项目，比如，2020 年，国家自然基金重大仪器项目——纳米分辨 X 光微分相衬 CT 显微镜，获批经费资助 646 万元；2021 年，梁栋主持的"快速磁共振成像"，获批国家杰出青年科学基金。经过 3 年发展，医学人工智能研究中心人员从最初的 20 多人发展到近百人，包括全职员工 31 人、博士后 3 人和学生 59 人。在医学人工智能领域构筑攻防兼备的国际 / 国内知识产权保护体系，近 3 年申请专利 99 项，其中专利合作条约 23 项，仅 2021 年就新增 28 项。

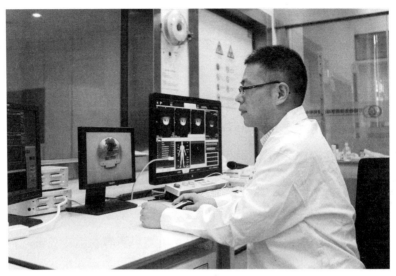

医工所所长梁栋

那么，如何当好研究中心主任呢？梁栋有切身体会：从运营角度上，中心主任要发挥模范带头作用，带领大家完成各项任务，时刻记住"跟我上"，而非"给我上"，就像头雁要明白得让后面跟随的大雁们省力、借力，才能形成雁阵。中心里每个员工发展诉求不一样，有的人醉心于学术研究，有的想从事产业化，要懂得完成总体任务的同时，满足个人的发展诉求，让整个中心拧成一股绳。

先进院首任党委书记白建原曾说，做一名好干部不仅需要以身作则，还需要有服务意识。喻学锋不仅赞成此观点，而且如此践行于工作。他也是在先进院平台上快速成长起来的一名优秀干部。

2014 年 2 月，喻学锋结束香港城市大学访问学者的工作后，决定放弃武汉大学副教授的身份，正式加入深圳先进院。先组建材料界面研究中心，担任该中心主任后又担任了材料所副所长，2021 底成为先进院科研处处长。

他说："我喜欢做科研，但这个时候院里需要我多承担一些科研服务的工作，那么我也是责无旁贷的，也是我对先进院的回馈。为了更好地促进科研和产业化一体化发展，我们在 2022 年加强了院内的团队合作，通过组织跨所性的青年团队项目、创办'蝴蝶沙龙'等学术交流活动，推动院内的交叉创新，积极承担国家和地方的重大科研项目，帮助先进院培养出年轻有为的科学家。"

喻学锋曾在不同岗位工作的经历让他对先进院的管理机制有了更深刻的理解。他说："先进院的创新文化跟国内高校文化有些不一样，组织形式也不一样，从国内其他单位过来的'空降干部'需要熟悉和适应先进院的体制机制和文化，因此，自主培养的人才更能也更容易适应先进院的创新体系。比如，先进院实行中心主任负责制，给中心主任较大的权力，人事和财务的灵活度很大，可以根据需求组建大的团队；同时，中心主任的责任也很大，中心每年都有考核任务，中心主任需要身先士卒，带领团队往前冲，积极申请科研项目并组织完成好任务。这个机制的优点就是高效运作，有利于快速聚集团队，承担重大的科研任务。像我们材料界面研究中心，从最初的 10 个人的小团队，5 年时间发展到拥有 120 人的交叉学科团队，取得了不少喜人成果。"

从院层面看，先进院的处室每年要承担相应的任务指标和考核压力，因此科研管理干部也需要具有很强的竞争意识和服务意识，与科研团队一起并肩作战，共同保障科研工作的顺利开展。这种竞争意识和服务意识持续推动干部能力的不断提升。又如，科研处核心骨干基本都是入职十年以上的老员工，他们认同先进院的创新文化，跟随先进院一起成长，个人能力不断提高，甚至有少量的科研管理人才外溢到周边几所高校和科研机构，成为所在单位的骨干。

不论空降还是自主培养，干部都要能打硬仗

樊建平曾经担任过曙光公司的常务副总裁和联想研究院副院长，对企业人力资源管理和财务管理有丰富的经验。他认为，一般企业引入外部人才的原因是内部僵化或者经营停滞不前，比如，引入营销人才改善企业经营，引入生产管理人才提高生产效率。

他介绍，深圳先进院从外部引入的人才绝大多数是科研人才，而管理型人才大多数是靠内部培养，只有极个别的干部是因为先进院在发展过程中需要弥补短板，才从兄弟院所或企业引入的高级管理人才。2009 年，樊建平邀请西安光机所吕建成担任先进院副院长，因为当时的先进院在科研管理方面亟须迈上新台阶。吕建成曾担任中科院西安光机所副所长并兼任中科院西安分院、陕西省科学院副院长，在科研管理上拥有丰富的经验，所以加入先进院后，他发挥科研管理所长，对先进院科研管理做了大量卓有成效的工作，为人才提供专业化的服务，帮助他们熟悉政策和环境，在国家战略系统中发挥出创新作用。

先进院更多的干部是自主培养的，院级领导中"70 后"的郑海荣、"80 后"的冯伟，均于 2016 年被破格提拔。郑海荣 2006 年获得美国科罗拉多大学博士学位，致力于医学成像技术与系统研发以及信息技术与理论方法的医学成像应用，旨在突破传统医学成像设备性能的局限，服务医学需求和医疗设备产业，主持研发的快速磁共振成像技术和超声定量弹性成像系统已实现产业化及临床应用。他于 2007 年加盟先进院后，一直严格要求自己，科研和成果转化屡次取得突破，曾担任劳特伯医学成像研究中心主任、医工所所长。郑海荣在科研道路上孜孜以求，成果丰硕，主持的"高场磁共振医学影像设备自主研制与产业化"项目获得 2020 年度国家科学技术进步奖一等奖。

冯伟 2006 年从华中科技大学材料加工专业博士毕业，从 BBS 上看到了先进院的招聘信息便南下深圳应聘。初试通过后，时任先进院副院长的徐扬生教授亲自将他带到蛇口，深圳先进院的创业起点就位于蛇口新时代广场 27 楼。临时办公场所的装修风格极简单，大概一百平方米，只有十几个人在办公。樊建平院长亲自面谈，冯伟被顺利录用。这次面谈，给冯伟最深刻的印象是樊院长说的话："世界一流工研院应该长啥样子？你现在可以开始思考了。"从那以后，他参与到先进院的建设中，每走一步都会咀嚼那句话，感受总有不同。

　　在集成所工作一年左右，樊建平院长抽调其到人力资源与教育处，负责人力资源工作。冯伟陷入了回忆："我是理工科背景，没有人事工作的经验和知识储备，所以全部要重新学习。最开始两三年，我几乎每天都忙到凌晨一两点才能休息。第一年的人才来源，主要是香港中文大学教授推荐的博士学生，他们成为先进院第一批员工。2007 年 7 月，我担任人资处副处长，主持人事和教育两块工作，当时每个岗位都不完善，很缺人手，许多事情必须亲力亲为，包括每月计算员工工资、去国内高校招聘。秋天，我们去哈尔滨工业大学招聘，我穿得比较单薄，在东北忙了几天后，就冻出了慢性鼻炎。"

　　边学边干，这是先进院人一贯的风格。2008 年，深圳先进院党宣办成立，人资处处长冯伟兼管文化宣传工作，这对冯伟又是新的考验。2009 年秋天，为了让中央电视台关注先进院在中国国际高新技术成果交易会所展示的科技成果，冯伟专程跑到迎宾馆，拜访 CCTV-1 负责科技报道的记者，从那以后，几乎每年都能在央视上看到有关先进院最新发展的报道。

　　2016 年，冯伟成为深圳先进院副院长、党委委员；2017 年起，担任纪委书记；2022 年底，冯伟调任中科院广州分院副院长。他发自肺腑地说："我是先进院自主培养的干部，在先进院创办前十年，主要工作是人力资源

纪委书记冯伟

与教育管理，我深刻体会到先进院'以人为本'的文化，这是先进院能够不断吸引优秀人才加盟的根本原因。"

"除了郑海荣、冯伟，还有多个研究所、研究中心的负责人都是先进院自己培养起来的干部。由于先进院内部考核严格，拥有公平公正的文化氛围，所以大批的青年才俊能够快速成长起来。"樊建平介绍，先进院的每个研究中心是单独的核算单位，研究中心负责人要对人、财、物进行全面管理，对人员的管理要年终按业绩进行 A、B、C 打分，人才评价体系透明公正，要设法从横向和纵向两方面实现创收，对仪器设备管理也要科学合理。有的研究中心有几十个人，有的研究中心多达数百人，比如郑海荣团队就从几十人扩充到了 400 多人，刘陈立团队从十几个人扩充到 900 多人。"

樊建平颇为自豪地说："有真才实干才能通过严格的考核，我们内部选拔上来的干部都能打硬仗，科学的组织形态决定了先进院管理人才队伍的方式都很平滑。"

加强党建工作，注重干部选拔和培养

先进院党委全面加强支部的各项建设，强化党的政治引领，积极探索中心工作和党建工作在不同发展阶段的有效融合，在实践中持续创新新形势下党建工作，充分发挥党委的政治核心和服务保障作用。按照《党章》和中科院党组对研究所党委的定位，先进院党委落实习近平总书记对科技创新的各项指示精神，以"三个面向""四个率先"为目标，深入贯彻习近平新时代中国特色社会主义思想。尤其在干部培养方面，先进院党委按照"赛马中相马"的工作原则，给年轻骨干提供干事创业的舞台，积极支持他们大胆闯、大胆干、大胆创新，选拔了一大批领导干部。

干部和骨干队伍建设是人才建设中不容忽视的一环。从中心主任到研究所领导，从办主任到处领导，先进院在为他们搭台子、压担子的同时，也鼓励他们在实践中锻炼成长。

先进院首任党委书记白建原非常重视干部及骨干队伍的质量建设，关怀人才成长。先进院的人才构成具有"海归多、年纪轻、学历高、见识广"的特点，因此，干部和骨干队伍培养工作需要运用更加科学和细致的方法，通过谈话谈心、沟通交流等方式，调动各部门、各党群组织，引导不同国籍、不同文化背景的员工共同完成好当前的科研工作。

白建原深有感触地说："他们中绝大多数人从没有带过团队，但他们愿意在学习实践中发挥长处、克服不足，在带队伍、促协作、搞管理的岗位上不断进步。也因这支力量在客观上年纪轻、阅历少、缺经验，预判能力不足，解决问题的办法不多，党委不仅帮助做好骨干人才的思想工作，还帮助提出可行的举措和建议，让大家通过感悟和有效的操作提升能力，这

也是党委围绕中心工作、服务大局的具体体现。"

值得关注的是，先进院党委积极推动党群共建，鼓励和支持各单元、各支部、各群众组织围绕工研院的文化特色开展各项工作，逐渐形成了全院齐争共创的生动局面。围绕建设"工研院"的目标，从体制到机制、从科研到管理、从教育到产业等各层面工作不断创新，以知行的态度实践"梦想成就未来，应用创造价值"的理念。"工研院"的目标已成为先进院文化的核心价值，创新无极限已成为先进院人的精神，应用创造价值已成为先进院的价值导向，知行合一已成为先进院人的行动纲领。

2019 年 7 月 1 日，深圳先进院召开纪念中国共产党成立 98 周年暨"不忘初心、牢记使命"主题教育报告会，时任党委书记杨建华做总结发言时指出，一是要不忘科学研究及高等教育事业的初心，为祖国的科教事业发展做出更高水平的贡献；二是各级党组织要进一步强化党的建设与中心工作融合发展的理念，促进党的工作和中心工作"两不误两促进两发展"；三是要全面坚持并深化"创先争优在岗位在常态"，让每一位共产党员的先锋模范作用都能在岗位中常态体现；四是要不断壮大党的队伍，吸引更多的优秀骨干加入中国共产党，让中国共产党的先进性在深圳先进院的科研群体中充分体现。他强调："无论先进院人走得多远，都不能忘记来时的路，更不能忘记为什么而出发。要时刻牢记党的宗旨，不忘科学研究与高等教育的初心，不断改革创新，勇于担当，砥砺前行，为应对不断升级的国际竞争态势，把科研成果书写在广袤的祖国大地上，为国家科教事业的快速发展，不断做出无愧于党、无愧于人民、无愧于时代的先进院共产党人的应有贡献。"

深圳先进院举行庆祝中国共产党成立101周年暨"七一"表彰大会

这种充满正能量、鼓舞人心的主题报告会先进院每年都会举行，不断激发党员干事创业的积极性。先进院原副院长许建国介绍，2019年10月，先进院领导班子重点筹划举办了首届运动会，由先进院工会承办，这是献礼国庆70周年和科学院建院70周年的重要盛会。2021年11月举办了第二届运动会，在深圳大学城体育中心举行，共12支代表队齐聚赛场，展现了先进院人积极向上的精神风采。又如，先进院以升国旗仪式，激发员工爱国热情；以义工形式和设立基金帮扶机制，传递爱心；以捐助灾区的方式，加强国情教育，强调责任感和使命感；以"健康月"、妇女节、球类比赛，培养团队精神；以亲子活动、节日舞会、教师节座谈会、SIAT论坛、英语角、摄影比赛、"红歌汇"、年终晚会等形式多样、丰富多彩、寓教于乐的系列活动，营造有利于科研的良好的氛围。通过活动的组织、实施激发全院各岗位员工和学生的归属感，生发更好的生产力和斗志，建设学习、包容、激情、奋斗、和谐的先进院。

第十三章　研究院把控产业化的边界

作为新型科研机构，先进院整合各种创新要素，集大学、研究中心、企业、孵化器等多种形态于一体，通过打造科研、教育、产业、资本"四位一体"的微创新体系，实现以科技产业需求为导向、汇聚创新资源、覆盖创新全过程的科技模式。

基于 15 年的科研基础积累，深圳先进院设立了一系列成果要素平台，包括产业服务平台、知识产权运营平台、公共技术平台、投资基金平台及测试验证平台，以共享平台新形态辐射成果转化。

樊建平一方面积极推动科研成果产业化，另一方面把控产业化的边界。他说："我们一直强调以'科教协同'为核心，产业和资本是为这个核心服务的，为了避免出现研究院涉足产业化的时候陷入边界不清、核心能力建设不足、核心竞争力下降的困境，我们重点关注自身的科研能力和人才培养，用自身研发能力服务产业和企业，不与民营企业争利，保证先进院可持续发展。"

深圳先进院的产业化分三个阶段

"我认为，科研院所产出的科研成果一定要进行产业化，这是天经地义的事情，这个理念与我个人的成长经历分不开。"樊建平回忆道，"我博士毕业后就致力于曙光机的研发工作，作为软件负责人主持研制的'曙光一号'是我国第一台 SMP 并行计算机，打破了发达国家对我国高性能计算机的长期封锁与垄断，在国家安全、气象、石油等领域发挥了巨大作用。曙光机后来推向市场，取得了商业化的成功。我的亲身实践证明，国家想加快发展高科技，就一定要实现成果的产业化。后来在先进院创办之初，我提出了'顶天立地'的目标，即学术上和国际接轨，强调面向重大前沿技术的探索，做到'顶天'；研发的成果要和当地的战略性新兴产业接轨，落实工业社会的融合，做到'立地'。"

过去 15 年，先进院的产业化进程分为三个阶段。第一阶段从 2006 年到 2018 年，是坚持"四位一体"的微创新体系阶段。目标是建设"科研、教育、产业、资本"四位一体的平台型研究院，加速科研产出和成果转化，提高创新效益，将高校、研究院所、特色产业园区、孵化器、投资基金等产学研资要素紧密结合，实行统一规划、统一管理，各要素共享平台与信息，形成创新积聚优势，有效打通科技和经济转移转化的通道，大大提高创新效率效益。在这个阶段，先进院支持高端医学影像龙头企业联影、低成本医疗企业中科强华等一批企业，科研与深圳已有的优势产业结合，推动产业不断发展。

第二阶段是 2018 年底到 2021 年，是资本与产业剥离的阶段，以专利转移为主要特征。为了呼应深理工的筹建，大学设专利办公室负责分类管理，产业技术研究院负责专利运营，可以更高效地推动成果转化工作。未来，深理工和粤港澳大湾区就类似斯坦福和硅谷之间的关系，由研究机构带动大湾区的新兴产业进一步发展壮大。

第三阶段从 2022 年开始，是迈入产业集群发展阶段。全球 IT 产业发展至今，国内的经济需要以未来新兴产业为发展引擎。于是先进院率先提出了"Cluster"（集群）的概念，带头迈入产业集群阶段，依托大设施，召开科技产业大会，一体化、集群式地推进合成生物、生物医药、低碳新材料等诸多新兴产业的跨越式发展。

牢牢把握好产业化的边界

樊建平提出，科研机构必须把握好产业化的边界，有三方面原因：一是区分研究机构的职能，有的工作需要由市场解决，所以需要明确产业边界和市场边界，确保研究机构与孵化企业之间的边界；二是协调政府的行为，产业化工作属于市场可调节的，政府不需过度干预；三是规范研究机构本身，科研机构要把握产学研体系的核心环节，必须避免出现一些科研机构界限不清、混业经营、过度商业化等弊病。

樊建平认为，新型科研机构牢牢把握好产业化的边界，有利于研究机构自身向高端发展，也有利于所在城市的产业转型升级。

他说："一个科研骨干 10 年做出 10 个项目，成立 10 个小公司，或者是这个人一直只研究 1 个项目，连续工作 10 年把成果产业化搞成上市公司。如果这二者让我选择，我宁愿选择前者，不选择后者。因为，我们现在的科研人员每年都有大量新的成果通过专利转化出去，与合作者成立 10 个公司对整个社会、对深圳源头创新的引领作用，要远远大于只搞出一个上市公司。所以，先进院科研队伍是我们最精锐的部队，科研人员还是要把科研做好，让转化的路程短一点，效率再快一点。"樊建平的自问自答，显示出他对先进院加快成果产业化、把握好产业化边界的深层思考。

樊建平透露，先进院正在做专利池的建设，学习德国科研机构和大学对专利分级管理的做法，不断提高专利的数量和质量。目前，先进院的国际专利申请总量居全球科研机构首位，先进院孵化的企业估值大多是几千万元至几个亿。他说："孵化一个企业静等上市再出卖股票固然好，但这种情况仍只是小概率事件。我们鼓励教授每年有成果面世并进行转化，最好卖专利或收专利费，十年就是 10 项成果转化，远好于第一年孵化一个公司把主要精力用于该企业的经营培育活动。我们鼓励把孵化的企业当'猪'养，好于当'儿子'养。"

联合实验室：实现技术创新的产业价值

产业合作创新是成果转化的保障。2022 年，先进院新增横向委托合同金额超 3 亿元（累计超 15 亿元），到款突破 1.7 亿元（累计超 7 亿元），居科学院 100 多个研究所前列；与招商局、沃特新材、先声药业等龙头企业新建了 35 个联合实验室，累计超 210 个联合实验室，包含 6 个联合创新中心。

上述成绩印证了先进院针对科研机构技术创新的产业对策，"双螺旋"协同创新转化机制卓有成效，不仅给科研人员带来产业的需求，还能给区域产业发展提供源源不断的成果。

先进院院企合作与创新发展处处长毕亚雷介绍，近几年，我国自主研发能力快速提升，显现出成为全球研发基地的潜质，产业全球化给创新团队提供了良好的转化环境。从个体创业的角度说，几个人的小团队，甚至一个人都可以在全球化体系中找到相应的技术和供应链支持，因此启动创业相对过去变得简单多了，带动创新创业行为在国内迅速兴起。

他坦诚地说，创新成果产业化归根到底就是创新人才的价值工程。建院初期，曾请教先进院前任副院长、现任香港中文大学（深圳）校长徐扬生院士，如何做好成果转化的工作？当时徐扬生老师形象地比喻：高校和科研机构就好比是一座庙，庙里有两类"和尚"，一类是负责在外面化缘的和尚（就像发展处团队），不断拓展产业合作，推广科研成果，让寺庙香客云集，香火兴旺，解决酒香也怕巷子深的问题，但更重要的是庙里必须拥有一大批"念经的和尚"，成果斐然，产生一大批有价值的科研成果。因此，先进院致力于打造服务于科研人才的分享平台，也成功聚集了一大批海归人才，形成先进院产业化的核心力量，围绕人才团队的"产业价值"开展成果转化，实现了一大批成功的转化案例，在产业界树立起良好的口碑，实现产业化和成果转化的良性循环。

一直活跃在产业化前沿阵地的毕亚雷发现，与企业协同创新的企业联合实验室发展很快，仅在 2021 年，一共建立了 35 个企业联合实验室，合同额超过了当年新签横向合同额的 50%，企业和团队接受度都很高。这种"共同创造创新成果"的协同创新模式，解决了原来责任和产出不对等"两张皮"问题，不仅能引导企业进入原来未知的新兴产业领域，也很好地引导研究开发向产业需求倾斜，为产业化准备了良好的题材，为成果转化做好基础工作。

那么，企业联合实验室为何会成为主流的合作形式呢？

他分析道，创新成果在团队和合作者之间具有不对称性，是一种典型的"博弈"场景。博弈论最基本的问题有两个：一个是协调问题，另一个是合作问题。成果转化的结果是"谈"（合作）出来的，不是"评"出来的。在成果转化过程中，技术转化为商品需要付出巨大的努力，相关的资金、产业资源都需要合作伙伴付出承诺，科研机构一般提供无形资产和科研资源，双方的风险和利益冲突是显而易见的。在这种状态下，基于双方已有的创新与产业资源、面向共同的产业创新目标、开发协同创新性的联合实验室就成为一个很好的低成本交流平台，在合作中，合作双方共同把复杂的全局问题简化，实现分阶段的合作与双赢，从而避免违约等恶性冲突，因此成为先进院产业合作中的主流范式。

毕亚雷透露了另一个诀窍，由于成果转化是信息不对称的博弈，因此，研究机构、团队的品牌作用非常重要，成功的合作案例成为研究机构签订合约的重要支撑，1000 多个合作企业用超过 15 亿元的资金资助先进院开展协同创新合作，产业横向合作的优秀科研团队能促进成果转化与企业孵化，合作成果也获得了众多的国家、行业、产业的奖项，也激励了科研团队积极与企业协同创新。

在此基础上，发展处团队还积极组织联合实验室科研团队与合作企业携合作成果，参加中国国际高新技术成果交易会、全国大众创业万众创新活动周、率先杯未来技术创新大赛等国家品牌的成果产业化活动，开展综合展示与产业互动，已有多项成果成为高交会"十大人气产品"等，通过主流媒体、政务信息、新媒体等传播手段，实现效益双丰收。科研团队也在合作中获得企业的信任，让其他企业慕名而来，表达建立联合实验室的新意向。特别是多家行业龙头企业与先进院建立联合实验室，为先进院利用产业协同创新，进一步建立产创中心打下良好的发展基础。

深圳先进院已连续17年参展高交会

"双螺旋"协同创新转化机制活力十足

联合实验室成功的背后反映了先进院建立起的源头"双螺旋"协同创新转化机制活力十足。先进院的科研团队注重开展产业对接和协同创新合作，一方面通过科研计划管理、技术开发集成、协调沟通辅助、知识产权管理等手段，达到用知识产权引导科研方向的目的；另一方面，结合市场需求和产业路径，实现市场需求引导产业创新方向的目标。

"双螺旋"协同创新转化机制，是先进院成果转化的一大特色，不仅继承发扬科学院"顶天立地"的优秀传统，而且让先进院产业化工作展现出更强的生命力。

毕亚雷透露，海外科研人才来到先进院的平台上，产业发展处工作人员就会根据他所擅长的领域推荐相关的产业需求，然后向社会和产业界推介科研人员的研究方向和创新成果，让他们跟产业界的需求直接碰撞。"科学院的定位决定了它会面向国计民生选择方向和路径，科研人员就会一边科研，一边转化，不断地进行技术迭代，满足产业界的需求。由于具有科研方向的强力牵引和产业需求的具体支撑，'双螺旋'协同创新转化机制就产生了充足的活力。"

毕亚雷表示，先进院进行产业化的时候，非常注意把握边界。实践证明，如果产业化工作"越俎代庖"，效果往往"事倍功半"。如果研究机构做了政府部门该做的事情，对科研人员做产业化大包大揽，最后往往不能实现产业化的初衷。如果研究机构做了企业该做的事情，让一流的科研人员做三流的产业经理，也会牵扯科研人员过多的精力，产业化的效果也不会好。

先进院作为一个新型科研机构，最核心的优势就是科技创新人才。让科研人才帮助企业做技术创新，让企业做擅长的产品制造和开拓市场工作，科研人员和企业一起协同创新和成果转化，效率才是最高的。可以最低成本试错，最高效率创新，在激烈的竞争中赢得发展的先机。

顺应股权投资新变化，探索集约式投资模式

深圳先进院院地合作与成果转化处处长吴小丽介绍，企业都会面临自身的技术迭代发展问题，先进院极具开放性和国际化特色，是资本寻求投资与合作的最佳机构，产业投资机构视先进院为成果转化项目资源库，纷纷寻求合作。

2019 年以后，先进院科技成果作价入股进入新的发展阶段，呈现出两个明显的特点：第一，表现在智能制造领域。通常选择与一定规模的龙头企业合作，这类产业投资有明确的技术应用方向，实现"项目 + 专利 + 资本"组合拳合作。第二，表现在生命科学领域。一般在注册公司的当年就能实现融资，天使轮融资的企业估值都在亿元以上。例如，阿尔法分子公司是医药所技术团队的创业公司，融资 1 亿元，投后估值 3.5 亿元；中科新进是医药所技术团队的创业公司，融资 2000 万元，投后估值 1.05 亿元；柏垠生物是合成所技术团队的创业公司，融资额 3500 万元，投后估值 5.1 亿元；中科帅天是医药所技术团队的创业公司，融资 600 万元，投后估值 1 亿元。之所以出现上面两个特点，离不开先进院经过十多年在多个领域的深耕，积累的一批优秀成果进入了成果转化的发力期。另外，先进院在 BT 领域的前瞻性布局奠定了先发优势，因此在进入成果转化期时就彰显出完全不同的成效。近年来，生命健康领域的转化成果呈现发展速度快、增长性高、头部资本青睐、跟投密集的良好态势。吴小丽分析道，过去，先进院是拿着成果项目找投资，现在反转为投资机构天天围着先进院找项目，整个生态位发生了显著的变化。

先进院顺应股权投资的新变化，探索集约式的投资模式，更高效地推动项目和资本的对接，提升科技成果创新转化效率。一方面，引入投资机构，为成果产业化提供外部资金和智力支持。尤其是有声誉的投资机构具备完善的风险管理体系、成熟的运营模式、专业的风投人才，可以有效帮助科研人员解决创业普遍面临的现实问题。因此，先进院鼓励科研人员与有实力的投资机构合作。如今，先进院与数十家投资机构展开合作，有效地促进创新效率与效益进一步提升。

另一方面，先进院参与设立合伙人制企业，扶持初创企业跨过"死亡之谷"。2021年设立了中科产业转化基金，不仅参与投资决策，并且重点定投先进院自身的项目，例如中科翎碳、中科树藤、布林凯斯。已与赫赫有名的投资机构达成合作意向，深创投、高新投、深天使、粤财基金、英诺基金、粤科基金、高瓴、红杉等头部机构纷纷与先进院展开合作，在成果转化合作方式上实现多元化、多模态的跨越式变化。

定向培育高价值专利，助力"知产"变"资产"

根据中科院聚焦主责主业的要求，先进院科技成果转化仍以专利许可和转让为主。吴小丽介绍，为了增强科技竞争实力，国家政策导向要求专利要有从数量到质量的跃升，因此先进院院地合作与成果转化处从专利导航到高价值专利布局着手，规范知识产权创造、使用等各个环节，打通创造、运用、保护、管理、服务全链条，在产业重大需求方面围绕已有的优势学科，做定向高价值专利的培育，支撑和服务新产业的发展。新型科研机构对知识产权的创造、保护和运用面临新的挑战，迫切需要用最新的方法来管理和引导。

从2019年开始，先进院就在实施专利分级分类管理，基于深度加工的专利大数据，将"知产"变成"资产"，运用市场法和机器学习模型进行价值估算，最终提供专利价值的评估数值。对 A 类专利或平台技术转化时，依据管理系统与专家建立线上线下专利评估机制；对 B、C 类专利转化时，使用现有市场协议定价方式。除此之外，还常在专利作价时使用第三方机构评估定价方式，在关联交易时采用挂牌交易定价方式。

先进院成果转化表现出新状态。过去，先进院的成果转化是自下而上的，科研人员有转化意愿才做转化。现在已变成由先进院成果转化处提供一站式服务，自上而下进行转化。构建科技成果转移转化图谱，将投资界、产业界和科研机构多方牢牢铆合在一起，通过整合头部投资机构、龙头企业等战略合作伙伴，形成高质量的"朋友合作圈"，挖掘可以转化的成果，快速把科研成果转化为落地产业。如此一来，先进院的成果转化就从自发阶段走向自觉阶段。

依托先进院建设的深理工将设立成果转化办公室和运营平台，以市场化运作方式推动成果转化工作。

资本围着专利转，高价值专利受投资商青睐

2022 年 5 月，先进院碳中和所的唐永炳团队与深圳市前海飞尚产业投资控股有限公司合作，主要从事金刚石薄膜项目的技术研发与产业化。值得关注的是，先进院以 38 件地方法人专利评估作价 2700 万元，占股47.3684％，其中 23.6842％ 奖励技术团队。这是先进院在新能源领域转移转化工作的一个典型性案例。

唐永炳团队早在 9 年前就启动了金刚石薄膜方向的研究。普通的高速钢和硬质合金刀具无法满足切削加工需求，CVD 金刚石薄膜具有十分接近天然金刚石的硬度、高弹性模量、极高的热导率、良好的自润滑性、化学

稳定性等性能。在先进制造领域，CVD 金刚石薄膜涂层刀具已成为最有希望的新一代刀具。先进院团队深耕传统材料开发，采用化学气相沉积技术研发出多种高性能金刚石刀具涂层材料和掺硼金刚石电极，突破了掺硼金刚石材料的技术难题，累计申请了 180 余项专利，授权专利 100 余项。该金刚石功能薄膜材料技术已走上产业化之路。

唐永炳真诚地说："先进院鼓励成果转化，我们团队在这个平台上发展很快，成果产出多，按贡献分配利益。当大家齐心协力把技术做好了，就有值得期许的未来。"

在吴小丽看来，先进院的专利创造和管理工作还有很大的提升空间。一方面，要尊重科研人员的劳动成果，让创造者获得回报，激发科技创新的积极性；另一方面，要积极主动在国内经济发达地区布局。比如，2022 年上半年，苏州先进院与长三角科技要素交易中心签署了战略合作协议，下一步要把先进院的知识产权放到该中心挂牌流通。目前，深圳先进院正在加大对美、日、欧等地的国际专利布局，2021 年已实现国外专利转让的突破，体现出科技创新成果的国际化水平。

"率先杯"吹响颠覆性技术集结号，创客学院探索孵化新生态

东超科技自主研发的可交互空中成像技术，曾在 2020 年紧急驰援抗疫一线，可提供零交叉感染的安全交互体验。该项目亮相首届"率先杯"即一炮打响，企业获得了政府的专项资助，使得可交互空中成像技术走出实验室，走向市场。该产品不仅在安徽省行政中心、北京大学深圳医院、中国科学技术大学、广州白云国际机场等机构投入使用，而且走出国门，远销法国、马来西亚、泰国等地。

首届"率先杯"大赛共展出 625 个创新项目，约 3000 名参赛选手参

与，通过初赛、复赛和决赛共遴选出 30 个优胜项目。大赛之后，中国科学院、深圳市对大赛优秀项目展开一系列立项支持和配套扶持工作，推动项目立项经费约 7000 万元，有力推进了前沿科技的培育转化。东超科技研发的"可交互空中成像"项目就是其中一个典型代表。

为了吸引更多像"可交互空中成像"这样的"黑科技"项目参赛，中国科学院与深圳市人民政府联合主办第二届"率先杯"未来技术创新大赛。本届大赛以"梦想驱动、智胜未来"为主题，打造知名的前沿科技创新赛事、高效能的先进技术成果转化平台。第二届"率先杯"大赛于 2021 年12 月至 2022 年 9 月举办，在北京、上海、深圳、武汉、西安设置五大赛区，进一步扩大办赛组织规模和活动影响力。本届大赛参赛项目数量达到1711 项，规模是上届大赛的 3 倍，项目质量也显著提高，出现不少前瞻性、颠覆性技术。各类科技从业人员踊跃参赛，中科院 90 家院属单位全部参赛，其中青年创新促进会参赛人员超百名，凸显了科学院青年科研人员的活力。大赛组织者开展"优质项目库"建设，对各领域优秀项目开展项目宣传推介、展览展示、合作对接、媒体报道等转化服务，切实推进实验室和工作坊的成果走进企业、走进大众视野，从科技源头出发，实现高质量发展。

中科创客学院是"率先杯"大赛的执行单位之一，这并不是一家名不见经传的公司。早在 2015 年 10 月 19 日，中科创客学院就在全国双创周上向李克强总理汇报过工作，此后始终践行李克强总理的嘱咐"传递更多创业创新的基因密码"，一步一步打开了全新的局面。

中科创客学院平台培育越疆这样的准独角兽企业。深圳市越疆科技成立于 2015 年 7 月，刘培超融入了创业大潮，由于没有启动资金和场地支持，便以中科创客学院孵化器作为创业的起点，研发出桌面级高精度机械手臂。同年，在美国 Kickstarter 网站众筹 70 万美元，成为当年全球最受欢迎的创新硬件之一。在风险投资的支持下，越疆迅速聚集各领域人才，投入机械臂领域的研发创新中。从 5 个人发展到 150 人，取得了 1000 多项知识产权，产品销往海外 100 多个国家和地区，产量在机械臂领域连续三年位居第一。

先进院原副院长许建国介绍道："为了给在孵企业提供更好的融资服务，中科创客学院与深圳创新投于 2015 年共同发起'红土创客基金'，一期规模 2.5 亿元，初次试水即喜结硕果，孵化创业企业估值超过 50 亿元。2016年，中科创客学院成立了全国首个'博士后创客驿站'，与地方政府合作成立了武汉创客中心、乌镇创客小镇等地方双创平台，有力地推动了双创文化的传播；2017 年，先进院获批'国家级双创示范基地'，在一系列国家双创示范平台的评比和国务院督查中名列前茅，标志着先进院的双创工作和中科创客学院的建设获得高度的评价。"

2019 年，中科创客学院在全国首创学前教育创新科学教育基地，"创客之夜"活动纳入全国"双创周"；2020 年，获批生物医学国家专业化众创空间，成立"成武产业创新中心"；2021 年，济南国际创客中心成立，启动了第二届"率先杯"未来技术创新大赛。

2021 年，创客学院下设的深圳率先私募股权投资管理有限公司已完成相关备案，初步完成天使投资基金社会资本募集、数十个核心项目储备、母基金材料的递交与初步审核等工作，"孵化＋投资"新生态正逐步构建；深入探索在孵项目服务新模式，构建细分行业协作中心。在孵化器资质认定方面，学院在深圳市 2021 年度国家级科技企业孵化器拟推荐项目公示中，获得了专业类孵化器排名第一的成绩。

中科创客学院董事长毕亚雷总结道："2014 年，先进院设立双创孵化平台——中科创客学院，开创了以科研院所各类资源支撑扶持科技创新创业团队的先河。如今，中科创客学院对创新观念、创业项目进行市场化、专业化、集成化、网络化的培育和扶持，为小微创新企业和个人提供低成本、便利化、全要素的开放式综合服务平台。截至 2021 年底，创客学院累计服务创客逾 5 万人次，累计培育高技术初创项目 286 个。其中，国家高新技术企业 12 家，已有持股项目 95 个，退出项目 5 个，累计孵化估值过亿元的初创团队近 20 个，创业成功率 24.21%，培育出上千名创业者与合伙人。"

【案例链接1】 建立联合实验室　驱动企业创新升级

企业提升创新能力，可依靠内部科研团队提高研发效率，还可借助"外脑"，依托新型科研机构的优良设施、智力资源与平台优势，针对技术难点进行联合攻关，企业和科研机构建立联合实验室可以起到事半功倍的效果。

2020 年 11 月第 22 届高交会上，广东凯普生物科技股份公司与深圳先进院签署共建"精准医疗联合实验室"的协议。此联合实验室负责人、先进院医药所张鹏飞博士介绍，基于双方优势，在生物医药与技术领域建立技术开发平台和科研成果转化平台，有助于实现精准检测和治疗。

1. 香港求学参与产学研合作

2015 年，张鹏飞离开已工作了 6 年的先进院，到香港科技大学攻读博士学位，师从唐本忠院士。在香港求学期间，创业板上市公司凯普生物与香港科技大学唐本忠院士团队合作，"基于 AIE 材料的基因检测技术平台的开发"项目获得香港创新科技署的资助。

张鹏飞参与到这个项目中，他说："我们团队利用聚集诱导发光的新材料和凯普公司的导流杂交技术，搭建一个新型的基因检测平台。这个检测系统的芯片分大量的单元，每个单元内有一种针对某个目标基因的检测探针，该技术使基因检测更加简单、快速、灵敏。就是通过合作，我跟凯普生物有了密切联系，也了解到他们想做的一些研究方向，但有的方向香港科技大学还不涉及。后来我到先进院工作，这里医疗器械研发水平更高，在基础研究成果的产业转化方面更有经验，让我跟凯普生物有了新的合作平台。"

2. 联合实验室推动企业技术升级

2018年底，张鹏飞博士毕业后，又回到深圳先进院医药所工作。他邀请了凯普生物总经理管秩生带队到院里参观，先进院的科研转化成果和集成创新理念得到凯普生物的极大认可，认为可以围绕新材料、生物医药、医疗器械等方面与深圳先进院建立长期合作，先进院已取得的部分研究成果极大地满足了凯普生物的技术需求。在达成一致共识后，特委托张鹏飞博士牵头跟凯普生物组建了联合实验室，总投资额为900万元。为了更好地帮助企业解决技术难题，先进院医工所、医药所多名科研人员加入联合实验室的工作中。

凯普生物专注于分子诊断技术的自主研发，积极拓展基因检测和核酸分子诊断技术的应用领域，并不断推动诊断应用技术的改造升级。比如，在做胎儿遗传病预测的时候，国际上的最新方法是采用单细胞分选技术在子宫分泌物及脱落细胞里收集富含胎儿遗传信息的滋养层表皮细胞，避免采取穿刺而对子宫造成损伤。但子宫分泌物样品量往往很少，不适合采用传统的流式细胞分选技术，因此对单细胞分选新技术与新设备提出了更高的要求。凯普生物通过市场调研发现，国外已经有基于微流控系统的单细胞分选设备，虽然可以直接采购解决现有技术瓶颈，但希望能与国内研究团队合作共同开发该种设备，为联合实验室提供了良好契机。张鹏飞介绍，深圳先进院藏龙卧虎，先进院医工所门涌帆博士正好掌握了微流控细胞分选设备开发的核心技术和上下游核心部件的供应渠道，与凯普生物的需求不谋而合，因此促成联合实验室的第一个科研合作项目。目前，项目合作进展顺利，样机正处于准备交付阶段。

张鹏飞透露，精准医疗作为新一代诊疗技术，已经成为国家的重要战略之一。通过基因组、蛋白质组等组学技术和医学前沿技术，精准医疗能对疾病和特定患者实现个性化精准治疗，提高疾病诊治与预防的效果。凯普生物多年来专注于精准医疗，在 HPV 检测、地贫基因检测与耳聋易感基因检测方面均有布局，成立联合实验室可以融合先进院的创新资源，助力企业抢占技术高地。

"在粤港澳大湾区，生物医药与医疗器械领域的科技创新资源非常丰富，来自企业的创新需求十分旺盛。围绕企业的需求，先进院自有的国际化人才队伍可以满足和适配，这就形成了良性循环。与先进院组成联合实验室，是驱动企业创新升级的捷径。"张鹏飞憨厚地笑言，为自己在双方合作中能发挥一点微不足道的作用感到自豪。

【案例链接2】瞄准碳中和，深圳先进院与招商局集团达成重大合作

党的二十大报告强调，要加快发展方式绿色转型;积极稳妥推进碳达峰碳中和;开辟发展新领域新赛道，不断塑造发展新动能新优势。

2022 年 11 月 15 日第二十四届高交会开幕首日，深圳先进院与招商局集团有限公司宣布共同成立"CO_2 绿色转化未来产业联合实验室"，并在会展中心举行共建协议签约仪式。双方宣布将依托联合实验室，共同开展首个联合研发项目——"基于电催化 CO_2 转化与生物炼制的绿色制造"，项目合作金额近亿元。与此同时，深圳先进院还隆重宣布"碳中和技术研究

所"正式成立。

该合作由中国科学院院士、深圳先进院碳中和技术研究所所长成会明牵头，他并担任联合实验室主任，将带领联合实验室团队突破由新能源驱动的粮食、燃料、高价值化学品的可持续大规模制造技术，建立国际领先的 CO_2 利用技术产业创新体系。

2022 年 4 月，联合实验室成员、深圳先进院合成所研究员于涛团队与合作者成功实现了 CO_2 到葡萄糖和脂肪酸的转化，相关成果以封面文章形式发表于《自然—催化》杂志，他表示："基于电催化技术，项目团队将联合作战，进一步实现 CO_2 到各类蛋白质（如肉蛋白、饲料蛋白）等高附加值产物的合成。"这是在中科院兄弟院所 2021 年突破研发之后，我国科学家再一次在该领域的群体突破，开辟了碳中和领域的新赛道。深圳先进院在该领域迈出了产业化第一步，也是重要一步，展示了深圳先进院科学与产业一体化推进、一体推进的发展理念。

1. 不断开辟发展新赛道

实现双碳目标是一场广泛而深刻的社会变革。在重大历史机遇下，牢牢抓紧碳中和产业发展契机，才能进一步提升核心竞争力。

有数据显示，我国当前 CO_2 年排放量大约为 100 亿吨，约为全球总排放量的四分之一。而能源消费产生的碳排放占我国 CO_2 总排放量的 85% 以上。

深圳先进院院长樊建平表示，先进院积极贯彻落实党的二十大精神，在碳中和领域，充分发挥学科交叉与人才队伍优势，通过整合现有科研力量和引进海内外高端人才，打造可再生能源生产、能源高效存储与转化、CO_2 捕获与转化等关键碳中和领域的一流人才队伍，聚焦突破核心共性技术，以源头创新为产业赋能，助力我国实现"双碳"目标。

2. 规模化实现 CO_2 转化与利用

所谓碳中和，指将 CO_2 等温室气体的人为排放量被人为努力（比如将 CO_2 封存与转化、植树种草等）和自然过程所吸收，即排放和吸收相中和。

"开发和利用可再生能源是实现'碳中和'的根本途径。"成会明院士指出，"轮胎、纤维、塑料等工业原料目前都以化石资源为主，随着石油、天然气等资源的枯竭，可以把 CO_2 作为工业原料、生产原料加以利用，将其转变成具有工业价值的资源。这不仅有助于减少碳排放，还能促进'碳中和'循环经济的发展。"

基于此，由成会明院士牵头与招商局集团合作共建的"CO_2 绿色转化未来产业联合实验室"将围绕高效 CO_2 催化转化材料与器件开发、低碳化学品合成生物学转化、多碳源综合利用转化与系统集成三方面开展研究。

当前，电催化 CO_2 还原产物往往局限于简单小分子化学品，附加值低。"将电催化技术与合成生物学结合，开发电/生物串联催化技术，能够实现 CO_2 向高附加值产品的转化。"负责新型高效电催化剂开发的联合实验室成员、深圳先进院碳中和所副研究员张小龙介绍道。

"我的工作就像是电催化体系与合成生物体系的'黏合剂'，运用交叉学科与集成的方法将两者有机结合，同时运用数学建模、热力学计算、物理、化学等方法，研发出能够用于 CO_2 高附加值产品规模化生产的装置，进一步链条式、规模化实现 CO_2 的绿色转化与利用。"联合实验室成员、深圳先进院合成所高级工程师夏霖做了详细解释。

联合实验室将围绕 CO_2 绿色转化，为建设绿色生物制造产业园和相关产业集群奠定基础，推动碳中和相关产业的发展。

3. 抢抓碳中和产业发展契机

深圳先进院于 2021 年 6 月开始筹建碳中和技术研究所，汇聚和建设碳中和领域优势科研力量，未来将建成若干个研究中心，各类人员规模达到

500～800人，基本涵盖碳中和相关技术领域。2022年伊始，深圳先进院与招商局就开始筹备 CO_2 绿色转化与利用等方面的合作事宜，开启碳中和领域前沿技术科研与产业密切合作的新篇章。

当天，签约活动现场还进行了深圳市碳中和先进技术协会启动仪式。该协会由深圳先进院联合多家龙头企业发起，将进一步汇聚各界力量，打破信息壁垒，促进碳中和相关技术的研发与落地，为政府、企业提供专业的指导与建议。

【案例链接3】 国家级双创基地孵化"金种子"

不论是中科元景的创始人任元江，还是菲比斯公司的创始人牟岚，他们的起步都离不开"中科创客"，这是一个在深圳南山区成立的国内首个国家科研机构的双创平台。

2014年，在深圳市、南山区政府的支持下，深圳先进院与深圳市创新投资集团共同发起成立深圳中科创科有限公司。过去8年里，培育了上千名创业者与合伙人，孵化出一批优秀的"金种子"企业。

1.中科元景：打造智慧消防领域的"公明模式"

2021年2月，《深圳特区报》以"公明街道探索城中村火灾防控新路径"为题，报道了公明街道以社区级火灾防控体系建设试点为抓手，打造深圳市基层火灾综合治理的"公明模式"。"公明模式"的背后，一家硬科技企业——中科元景智能（深圳）有限公司发挥了重要的作用。

中科元景是中科创客学院孵化的一家国家级高新技术企业。2020年8月，在"创客中国"深圳市专精特新中小企业创新创业大赛上，被评为华为头部企业命题赛第一名，一举夺得"融通发展奖"；次年8月，在第四届"中国·济南新动能国际高层次人才创新创业大赛"上，荣获深圳赛区"大数据与新一代信息技术"二等奖。

中科元景创始人任元江介绍，中科元景依托智慧城市，基于物联网、互联网、大数据、云计算、人工智能等技术，提供消防安全产业链协同的互联网平台服务。

光明区委、区政府划拨专项资金，为公明街道公明社区、李松蓢社区构建社区级火灾防控体系提供充足的资金保障。在试点社区内开展"大排查、大整治、大执法、大宣传"，建设消防示范公园及工业园区，新增"智慧消防驿站"，建设充电桩警示教育广场，创新街头巷尾街牌设计，打造网红街和管理典范居住小区，营造共建共享共治的消防新格局。

任元江表示，公明街道一期服务项目，从服务运行初期每月高达200多起报警，减少到2022年第一季度平均每月29起。不论是接警响应的平均时间，还是预警办结的平均时间，都创造了消防安全风险防控服务的行业新指标，远远优于合同规定的服务承诺，获得街道办和业主的一致好评，在深圳市社区级火灾防控体系建设中发挥了示范作用。

2. 菲比斯：低碳环保产业的弄潮儿

深圳市菲比斯科技有限公司的掌舵人是一位"80后"东北姑娘牟岚。菲比斯从最初仅有2名员工的小微企业发展到50多人的团队，拥有17项专利，自主研发的甲醛测试仪于2019年登陆"小米有品"，2020年夏天推出二氧化碳检测仪，远销日本、欧洲等100多个国家和地区，疫情期间销售额逆势增长，外销订单收入占公司收入的9成以上。

2016年3月，牟岚开始自主创业，她选择扎根中科创客学院，注册成立了菲比斯公司。经过一年半时间，终于研发推出了"测小菲：蓝牙智能甲醛检测仪"。该产品不仅检测灵敏准确，而且外观精致小巧，由于搭载了小米物联网平台，在"小米有品"平台上实现热销。

2020 年初，牟岚开厂助销。万万没想到的是，工厂招人极难，订单稀少，工厂一开张就面临严重亏损。

同年 7 月，网易严选向菲比斯订购 500 台二氧化碳检测仪，但马上取消了该订单，牟岚只好把 500 台二氧化碳检测仪挂在阿里巴巴等电商平台上销售。令她感到意外的是，很快有一个客户把 500 台二氧化碳检测仪全买下了，此后关于这个产品的询盘量特别大。她一打听才知道，当时欧洲公布了一个报告，科学家发现二氧化碳浓度高的场所，新冠病毒传播速度更快，因此一些欧洲国家开始纷纷采购二氧化碳检测仪。市场一下爆发了。

当时，西班牙政府要给当地学校每间教室安装二氧化碳检测仪，来自西班牙的一个客户一次订购了 5000 台二氧化碳检测仪。牟岚新办的工厂第一次接到这么大的订单，供应商队伍能否配合得上呢？她召集供应商开会，协调这些供应商保证核心元器件的交货期，工厂硬是在 15 天内交付了品质优良的全部订单。从那以后，全球各地的大订单源源不断地飞来。

2021 年春天，中科院低碳研究领域的研究人员找到牟岚，问她能不能把二氧化碳检测仪做成集成式的碳排放检测设备。牟岚敏锐地意识到这是一个很好的发展方向。她说："为了推进环保节能事业，菲比斯从力所能及的角度出发，未来要为我国低碳环保事业作出更多的贡献。"

如今，牟岚把工厂从东莞搬到了深圳，工厂改名叫"深圳市测小菲零碳科技有限公司"。牟岚为菲比斯拟定了一年内研发出 50 个新品的计划，围绕空气和环境的监测推出一氧化氮检测仪、苯类物质检测仪、温湿度检测仪、天气预报钟等系列产品。

"要做就做一家有价值的公司，对人类有意义的公司，我知道我选择的方向是正确的，只要我们做的事情对保护生态环境有意义，我就觉得非常值得。"她目光坚毅，对所选择的创业方向无比坚定。

第十四章　学术顶天　产业落地

2006 年，深圳先进院正式成立，深圳从此告别了没有大院大所的历史，拥有了一支科研实力雄厚的"国家队"，它的诞生对深圳高新技术产业发展、创新型城市建设乃至国家创新体系的完善，都具有里程碑意义。先进院诞生之始，就寄予了深圳人的梦想和希望，深圳人期待它能成为深圳建设国家创新型城市、推进自主创新的一大利器。

2016 年 5 月的全国科技创新大会、两院院士大会、中国科协第九次全国代表大会上，习近平总书记深情寄语："科学研究既要追求知识和真理，也要服务于经济社会发展和广大人民群众。广大科技工作者要把论文写在祖国的大地上，把科技成果应用在实现现代化的伟大事业中。"

为了不负众望，先进院继承发扬科学院"顶天立地"优秀传统，追求"学术顶天、产业落地"。过去 15 年里，先进院根据科技创新发展和深圳市产业发展的需求，不断拓展和调整科研方向，推出一大批在学术界有影响、在产业界有突破的原创性成果，为将粤港澳大湾区打造成"具有全球影响力的国际科技创新中心"，发挥国家级科研机构的"火车头"作用。

充分发挥科研"国家队"使命

先进院科研处副处长谭乐介绍，科技部推出国家重点研发计划以来，先进院共牵头承担了 29 个项目，总经费超 3.65 亿元，主要集中在"合成生物学""主动健康和老龄化科技应对""数字诊疗装备研发"等专项。

特别突出的是"合成生物学"重点研发计划，它是首个由中央财政和地方财政联合设立的国家科技重点专项，国家投入 18 亿元，深圳市投入 5 亿元。此专项为中国合成生物学研究提供了一个稳定、持续的经费渠道，所涵盖的科研方向和队伍奠定中国合成生物学研究的基本盘，高水平成果持续产生。深圳市自 2012 年就已前瞻性布局合成生物学领域，对该领域投入不断加大，先后建设合成生物学创新研究院、合成生物研究重大科技基础设施（均由先进院牵头联合深圳优势单位共同建设），推动国内首个部市联动重点研发计划，拟计划投入近 40 亿元。先进院共在该专项中获批 8 项常规项目以及 8 项青年科学家项目。先进院在合成生物学领域超前布局和深度参与，极大地促进了深圳的领先优势，还联合国内的优势科研机构，共同承担更多的研究任务，力争在未来国际竞争中占得先机。

深圳先进院院长樊建平表示："深圳先进院合成所已与产业紧密结合，组成国际化的先锋队伍，逐步成为粤港澳大湾区最强的合成生物学力量。"

值得一提的是，科技部 2021 年启动"文化科技与现代服务业"重点研发计划，先进院获批"新型研发机构创新服务平台技术研发与应用"项目，这是"十四五"期间的首个新型研发机构相关项目。主要围绕新型研发机构的组织建设、运行管理和发展路径的理论体系，基于新型研发机构管理与服务的关键技术突破，研发一体化的服务软件平台与运营平台，在不同类型的新型研发机构进行示范与验证，形成可推广的成果。希望先进院的经验能辐射全国科研机构，联合国内代表性新型研发机构，建立网络协同创新链与共同体，推动产业升级。

在 2021 年启动的"脑科学与类脑研究"科技创新 2030 重大专项中，先进院牵头获批了 4 个课题，总经费达 4600 多万元。2022 年有 10 位项目负责人答辩该重大专项的"青年科学家项目"，成功获批了 6 位，充分体现了先进院脑科学研究队伍强大的人才储备和较强的实力水平。

瞄准国家重大战略需求，勇敢出击

在国际竞争形势日趋激烈的背景下，科技部和国家自然基金委员会对学科交叉融合领域愈发关注，对基础研究加大了投入的力度，重组国家重点实验室也提上了日程。那么，科研工作者应如何适应时代的要求呢？

集成所所长李光林的回答是："过去的研究工作都是'我会什么、我做什么'，现在根据国家的需求，要改成'我应该做什么，国家需要我解决什么问题'。要转变我们的思路，从'我会做什么'转变到'我应该做什么'。"

他也把这个理念贯彻到平时的科研工作中。他说："全世界糖尿病患者中约 50% 的人腿有问题，伤口不能愈合，很多患者需要截肢，应该截肢多长呢？如果留得多点，两年后可能还需要再截肢，那对佩戴假肢又会造成不便。为什么不能最初就很好地评估截肢的部位？因为全球医学界对肌肉、神经和供血系统三者之间的关系和机理还没有弄清楚。人体就像一辆汽车，神经系统像汽车的线控系统，供血系统像汽车的供油系统，肌肉好比是车轮子。为了弄清楚它们之间的关系，我和北京航空航天大学的团队联合申报了一个国家重大仪器研制项目，名称是'神经肌肉电生理与血液微循环信息的同步高分辨检测系统'，这个项目已经获批国家自然科学基金，属于自由探索领域，面对国家的需求，从'我应该做什么'这个角度出发确定科研方向。又如，降压药对心脑血管有重大伤害，是否可以采取超声调控血压。这也是新问题，需要跨部门、跨学科进行研究。"

瞄准国家的战略需求，带领科研团队找到新的方向，这是深圳先进院材料所光子信息与能源材料研究中心主任杨春雷取得丰硕成果的诀窍。他说："在先进院的平台上，我有两个最深的感受，一个是国家队眼界，就是要面向国家重大战略需求，所做的研究工作一定能代表国家最高水平；另一个是产业化思维，面向国民经济主战场，实现产业化应用是落脚点。近5年来，光子信息与能源材料研究中心从过去单一的光伏太阳能研究方向，扩展到光子信息、智能传感方向，通过交叉融合获得更广阔发展空间，也产生了一些重要的科研和产业化成果。"

"作为一个材料人，总是惦念着'材要成器，器要能用'的情怀。材以致用，是材料人的最大的心愿，所以，深圳先进院的工业技术研究院定位，让我觉得更适合自己的发展。"杨春雷是中科院长春光机所培养的硕士生，后来在香港科技大学攻读博士学位，他认为研究院更适合自己开展面向器件的研究工作。恰逢先进院处于初创阶段，正需要大量的年轻人才加盟……

杨春雷从2017年开始担任光子信息与能源材料研究中心主任，围绕IBT融合发展的大布局，梳理研究中心的发展方向，把材料技术和信息技术、生物技术相结合，布局智能传感器和探测器，为材料技术的发展打开了新的天地。

"从科学前沿和高端产业需求出发，努力挖掘自身的核心技术与前沿方向和产业需求之间的契合点，成功建立三者之间的关联性和桥梁后，就组织队伍，瞄准核心挑战，突破关键技术。"杨春雷介绍道。他带领团队从需求出发，结合团队优势技术，确立了两个新的科研方向，一个是红外成像芯片，一个是X射线医学影像探测器。

2021年，杨春雷获批国家自然科学基金项目，"新型窄禁带P型半导体材料及近红外成像芯片研制"项目提出将光伏材料跨界应用于信息传感器件的创新思路，得到了专家的认可。近红外成像技术可以获得媲美可见光的分辨能力，又兼具微光夜视效果及较强的穿透雾霾、水汽能力，在机器视觉和个人智能终端方面的需求越来越强烈。新材料和新的芯片集成思路，将有机会突破传统红外成像芯片在分辨率和成本两方面的滞碍。

他说："我们将重点围绕提升该新型光电探测器件关键性能开展以下工作：利用阴离子杂化进一步降低禁带宽度，扩展长波响应；突破晶界缺陷态的钝化技术；实现抑制暗电流的异质结构势垒层设计等。最终目标是研制出新型红外成像芯片样机，为宽光谱图像传感器产业化探索新的思路，希望有机会开创属于中国原创半导体材料的成像芯片技术。"

在杨春雷看来，能承担国家的重大研发项目，体现了"国家队"的价值。2021年，杨春雷团队参与承担科技部国家重点研发计划项目，面向空间飞行器等国家重大需求，打造特种柔性光伏能源产品。国家能源集团作为项目牵头单位投资2亿元建设柔性光伏电池示范生产线，其设计方案已深度融入先进院开发的高效率电池工艺。

从解决"卡脖子"问题到保障粮食安全

先进院数字所叶可江博士长期从事计算机软件与工业领域的交叉研究。2021年底，第十八届中国计算机大会在深圳国际会展中心隆重召开，这是我国计算机界规格最高、参与人数最多的学术会议。在本次大会的颁奖典礼上，叶可江从中国科学院梅宏院士和华为张朝辉总监手上接过证书，他成功获批"CCF – 华为胡杨林基金"（系统软件专项）。在操作系统领域，全国仅6个项目获得此项资助。

该项目主要针对华为推出的iSula容器开展性能优化工作。容器是云原生操作系统中一个非常核心的模块，根据云原生产业联盟2020年发布的报告，我国约83%的企业在使用并依赖该基础软件。华为研制的iSula容器产品有望实现国产替代，因此，对其开展性能提升和优化具有重要的意义。

叶可江还将目光放在我国广大制造企业更为关心的工业软件领域。

2021 年，叶可江主持的"面向 OT 与 IT 融合的端边云互联集成理论与方法研究"项目，获得国家重点研发计划"工业软件"重点专项青年科学家项目的资助，这是先进院承担的第一个工业软件重点专项，也是深圳市承担的第一个工业软件重点专项。科技部设立"工业软件"重点专项的总体目标是破解我国工业软件受制于人的重大问题，服务于制造强国建设的重大需求。

工业软件被公认为是"工业制造的大脑和神经"，是数字经济时代工业领域的"皇冠"。作为制造业第一大国，我国拥有世界上最齐全的产业门类，然而，核心工业软件始终是中国产业发展的软肋。目前，中国核心工业软件产业发展落后发达国家约 20 年，80% 工业软件被外企垄断。另据国际调研机构 Gartner 的数据，2020 年全球工业软件市场规模约为 4332 亿美元，约合人民币 2.8 万亿元，当年中国工业软件产品实现收入 1974 亿元，仅占全球份额的 7%，表明中国工业软件实力明显偏弱。

叶可江介绍，围绕当前工业数字化转型过程中面临的海量工业设备接入"集成难"、跨层跨域互联互通"通信难"、异构资源协同调度"管理难"三个问题，先进院研究团队提出能支持 OT 和 IT 融合的端边云互联集成理论、架构及方法，突破了数据和模型驱动的端边云互联集成、跨域通信映射模型及语义集成、端边云资源调度方法及协同控制等一批关键技术。

先进院瞄准科技前沿，积极向创新链前端延伸，在工业软件、新材料、合成生物、脑科学等各个领域突破"卡脖子"的技术难题，用自主创新技术确保国民经济安全运行，促进我国经济高质量发展。值得关注的是，在保障国家粮食安全方面，先进院团队也做出了卓有成效的贡献。

先进院合成所和中粮营养健康研究院成立"合成生物大设施产业应用联合实验室"，合成所司同博士任联合实验室主任，利用人工酶降解技术解决粮食的真菌毒素污染问题。据国家粮食和物资储备局不完全统计，我国每年在生产、储运和运输过程中真菌毒素污染造成的食品原料损失累计约3100万吨，直接经济损失超过680亿元。

司同介绍，生物脱毒是真菌毒素降解的有效方法，但存在降解效率低、稳定性差等问题。依托合成生物大设施，司同团队应用自动化技术，大规模构建并快速筛选活性、稳定性均满足实际应用的人工降解酶。目前，已实现筛选技术的突破，单个样品测试成本从200元降到0.1元以下，测试速度提高了400倍以上。这一技术突破在减少经济损失、保障国家粮食安全和国民健康方面具有重要意义。

2020年，先进院赵龙龙以助理研究员身份申请到国家自然科学基金项目，该"旱涝动态环境下蝗灾潜在高风险区遥感识别与风险预警研究"项目还获得青年科学基金连续资助，首次申请即获批。这是因为该项目的研究有助于保障国家粮食安全。

蝗灾是对农业生产具有毁灭性打击力的生物灾害，与水灾、旱灾并称为三大自然灾害。近年来，非洲蝗灾十分严重。东亚飞蝗在我国的分布范围最广、暴发频率最高、危害程度最重。虽然近十年来我国未报道过严重的蝗虫灾害，但每年都会花费巨大的人力、物力和财力对蝗虫进行治理，将蝗虫种群密度控制在较低水平。在政府和各级植保部门的努力下，东亚飞蝗在重点蝗区已得到有效控制。

多年从事病虫害遥感监测研究的赵龙龙注意到，由于极端降雨和干旱事件频发，新的蝗虫种群不断形成且不在植保部门监测范围内，形成"监控盲区"，极易形成蝗虫高密度点片，有暴发局部突发性蝗灾的风险。比如，2017和2018年山东省潍坊市峡山水库曾经出现东亚飞蝗危害农作物的灾情，导致当地玉米减产30%以上。可见，气候变化增加了蝗虫防控的难度。

我国当前蝗虫监测预警研究存在两大问题：其一，蝗虫遥感监测研究多基于静态生境因子，不能有效反映生境由不适宜到适宜的动态演变过程；其二，预测研究较少将蝗虫聚集行为这一关键成灾诱因纳入预测模型构建中，难以防控突发性蝗灾。

赵龙龙在研究中融合遥感、气象、植保等多元数据，通过大数据处理与信息挖掘技术，深入探讨蝗虫关键生境因子的动态变化与旱涝动态的响应关系，探明蝗灾潜在高风险区的形成机理。在此基础上，提出遥感识别方法，将种群聚集行为纳入蝗灾风险评估体系，构建不同生育期的渐进式风险评估模型，实现动态预警。

她说："对蝗灾潜在高风险区的准确识别，可为地方植保人员开展针对性的地面调查提供精准指导，将极大弥补传统的人工目测手查和田间取样等工作的不足，不仅可以提高效率、减少人员及财力投入，更可避免漏防成灾。在蝗虫不同发育阶段进行预测预警，将压低种群密度，降低蝗灾暴发可能性。"赵龙龙把科研成果写在祖国的大地上，让与科研做伴的青春岁月越发闪亮。

深圳先进院与城市发展同频共振

深圳建市已经 40 多年，过去 15 年是深圳快速发展的黄金时期，对科技需求越来越大，对科技人才需求越来越多，对科技投入也越来越大。深圳先进院的建立和发展，既符合深圳城市发展的需求，也通过自身的不懈努力与城市发展同频共振。先进院始终坚持的工业研究院的定位，打造的"科研、教育、产业、资本四位一体的微创新体系"，倡导的"梦想成就未来、应用创造价值"的文化，践行的知行合一与"服务在管理之前、管理在服务之中"的理念，无不为先进院的创新发展提供强有力的支撑，也为深圳这座城市的建设和繁荣做出新的贡献。

第一阶段，深圳市将"自主创新"作为城市发展的主导战略，先进院围绕深圳高新技术优势产业布局，先后设立了集成所、医工所，重点布局机器人产业、医疗器械产业、新能源新材料产业。

2006 年 1 月 6 日，深圳市公布《关于实施自主创新战略建设国家创新型城市的决定》，明确提出要全力建设创新型人才、企业、产业、自主知识产权"四大高地"。深圳推进的自主创新战略将全面带动思想观念创新、发展模式创新、体制制度创新，使创新的意识、创新的精神、创新的力量贯穿到现代化建设的各个方面，使创新成为经济社会持续协调发展的主导力量。2008 年，深圳成为全国首个国家创新型城市。2008 年 9 月 23 日，深圳市政府联合国务院多个部门编制的《深圳国家创新型城市总体规划（2008—2015 年）》出炉，成为我国第一部国家创新型城市规划。

樊建平回忆道，时任广东省委书记的汪洋早在 2007 年就提出珠三角地区要"腾笼换鸟"的发展思路，深圳要建设国家创新型城市，对高科技产业寄予更高的期望。"机器换人"也成为当时的一个前沿热点，先进院甫一建院，就率先提出发展机器人产业。早在 2006 年底，樊建平院长和时任副院长徐扬生就开始呼吁发展机器人产业，尤其是瞄准服务机器人领域，具有非常独到且超前的眼光，在高交会上多次展示各种工业机器人、服务机器人、医疗机器人。2014 年先进院牵头成立我国第一个机器人产业协会，每年发布《深圳市机器人产业发展白皮书》，对机器人产业发挥重要的引领作用。我们欣喜地看到，深圳的机器人产业从无到有，到 2021 年底已发展到年产值 1582 亿元，成为深圳一个战略性新兴产业，在全国占据举足轻重的地位。医疗器械产业一直是深圳的优势产业，诞生了迈瑞医疗等一批知名企业，所以先进院也布局了医疗器械方向，重点发展低成本健康产业和高端影像产业。低成本健康产业瞄准基层医疗机构，高端医疗影像主要瞄准进口替代，和联影联合攻关磁共振设备等核心技术。这个阶段，还布局了薄膜太阳能电池、电动汽车、电子封装材料等科研方向。

第二阶段，随着"互联网＋"时代的到来，国家高度重视大数据、智慧城市建设，先进院开辟出大数据、超级计算的科研方向。此外，先进院也在生物医药和脑科学领域积极布局，新增了医药所、材料所、脑所和合成所，针对肿瘤精准医疗、抗肿瘤药物研制与脑疾病研究两个方向组织科研攻关。

第三阶段，从 2017 年开始，深圳实施新一轮创新驱动发展战略，2018 年颁布实施《国家自主创新示范区条例》，2019 年市政府 1 号文推出深圳市科技计划管理改革 22 条举措，突出科技体制改革，强化源头创新，打造重大基础设施，健全完善"基础研究＋技术攻关＋成果产业化＋科技金融"的全过程创新生态链，与全球创新网络对接，推动国际科技产业创新中心建设。

樊建平介绍，随着城市的快速发展，深圳对重大科技基础设备、高质量的大学产生了更多需求，先进院结合自身发展的特点，加紧在前沿科技方向的布局，在深圳市的大力支持下，牵头建设脑解析与脑模拟、合成生物研究重大科技基础设施，筹建深港脑科学创新研究院、深圳合成生物学创新研究院、先进电子材料国际创新研究院。为了满足深圳对高端教育资源需求，推进"从 0 到 1"的基础研究，先进院在基础教育方面，积极探索从幼儿园、小学、中学到大学的全链条科技人才培养模式。

从诞生的那一天起，创新基因就深植于深圳发展的血脉之中，探索出一条以社会主义市场经济为主导、制度创新与技术创新"双轮驱动"的发展道路。尤其是党的十八大以来，深圳以新发展理念为引领，将科技创新改革向纵深推进，通过持续增强自主创新能力，不断推动产业向价值链高端延伸。深圳先进院为创新而生，诞生于这块创新的沃土，与城市发展同频共振，融城融湾，成为深圳科技创新路上的"点睛"之笔。

布局覆盖9区的成果转移转化轴带

2022 年 7 月 28 日，深圳市罗湖区政府与深圳先进院签订战略合作协议，双方就共同推进创新药物与精准健康科技成果转移转化及产业化，提升罗湖区大健康产业自主创新能力，推动区域产业转型升级达成共识。双方将建立合作共赢的创新载体合作模式，充分发挥罗湖区"湾区枢纽"的地缘优势、"深圳市生命健康产业基地"的定位优势，以及深圳先进院科技研发、人才培养、资本集聚、成果孵化和产业转化的资源优势，建设中欧创新药物与精准健康研究院，共同携手打造国际生物医药与大健康科研与产业一体化发展新范式。

中欧研究院立足罗湖区，面向国际前沿，包括创新中心、转化中心、产业中心，是一所科学与产业一体化推进和一体推进的新型科研机构。该研究院依托深圳先进院医药与技术研究所，以产业应用带动科研创新，突破核心关键前沿技术和创新药物，促进医药与健康产业的高质量发展。未来，通过聚焦精准医疗、智慧健康、医用材料和创新技术四大核心领域的科研与转化，建立国际化中欧人才与前沿创新高地；搭建新药共性技术与服务重大科技基础设施平台，支撑医药健康创新创业；建设创新、转化和产业多中心融合的垂直创新体系；建设多层次、定制化的教育、实习和培训基地；打造原创新药与大健康产业集群，驱动产业升级，构建健康和医药未来新兴产业。

罗湖区政府负责人表示，中欧研究院的落地将极大提升罗湖区大健康产业的自主创新能力，不仅为罗湖区塑造大健康产业发展提供新动能，助力罗湖区打造生命健康产业创新高地，也将在健康与医药领域技术创新和产业集聚方面做出重大贡献。

中欧研究院只代表深圳先进院跟深圳各区展开科研产业合作的多项举

措之一。先进院已在深圳 9 个区布局科研产业一体化创新集群，在南山区成立北斗研究院、中科创客学院和西丽湖 IBT 生物智能创新港；福田区建有深圳联影研究院；宝安区建有深圳先进电子材料国际创新研究院；龙华区设立国家高性能医疗器械创新中心；龙岗区设立现代产业技术创新和育成中心；坪山区建造实验动物资源与技术研发基地；大鹏新区将成立国家深海科考中心；光明区是布局的重点，不仅有深理工主校区和明珠过渡校区，还设立了脑解析与脑模拟大设施、合成生物研究重大科技基础设施、深港脑科学创新研究院、深圳合成生物学创新研究院、工程生物产业创新中心、脑科学产业创新中心。

先进院院地合作与成果转化处处长吴小丽介绍，先进院经过多年的探索和发展，通过技术开发、技术转让、技术服务、共建创新载体、培养人才等方式，同高校、医院、龙头企业和政府开展多维度、多领域、多模态的产学研资合作。近年来，先进院加强跟深圳各区的合作，雄厚的科研实力支撑先进院实施新布局，实现从"产学研"到"研学产"的悄然转型。

深圳先进院与兄弟研究院所紧密合作

先进院副院长吕建成于 2021 年初调任广州能源研究所所长。为深入贯彻党和国家对"双碳"工作的指示要求，紧抓韶关碳中和试点示范建设机遇，统筹谋划"双碳"产学研资一体化发展，该研究所与深圳先进院共同成立了"广东碳中和研究院（韶关）"。

广东碳中和研究院（韶关）揭牌仪式现场

　　吕建成介绍，碳研院实行理事会领导下的院长负责制，目前已形成一个政策经济研究中心（即"双碳战略研究中心"）、四个工程技术研究中心（即"生态循环中心""绿色装备中心""低碳节能中心""数字监控中心"）、五个公共服务部门、一家有限公司的平台格局。同时依托广州能源所和深圳先进院分别设立广州、深圳技术中心，充分调动双方科研、教育、人才、产业等优势，形成三地联动。在科研平台建设方面，碳研院已完成韶关市MRV碳排放监测平台开发技术研究，整合碳汇、能耗数据，撰写平台优化方案，推动韶关森林碳汇资源评估和数字化示范平台建设。此外，碳研院的"低碳智能装备及系统创新团队""韶关双碳空间大数据团队"分别获列首批和第二批"南岭团队"计划，获得总计800万元的支持。

　　他说："生物质作为可再生的重要资源，原料分散，可先用先进院研制的机器人自动化装置进行收集、粉碎等手段预处理，再发挥能源所在生物质能源研发方面的优势，就可以实现规模化和产业化。除了碳研院，广州能源所正在研究波浪能发电，可用于海底观测网供电。再如，先进院唐永炳团队聚焦电极材料研究高能量密度电池，广州能源所的电解液技术很先进，二者合作能形成技术互补，可以研发能量密度更高、更安全的动力电池。先进院长期鼓励跨界合作，如今与广州能源所的合作也渐入佳境。"

2022年下半年开始，针对新疆化工产业在安全生产、防灾减灾、应急救援技术方面的需求，先进院、宁波材料所、苏州纳米所与新疆创新载体合作共建新疆智慧安全与应急技术平台，与企业合作解决行业安全生产的技术问题。先进院发挥科研所长，与兄弟研究院所紧密合作，为祖国西部经济建设做出积极贡献。

外溢机构释放转化新动能

布局于深圳和全国的外溢机构是深圳先进院释放成果转化新动能的创新载体。深圳先进院建立外溢机构基于两个背景，一是先进院建设大平台的总体发展思路，需要构筑网络化平台；二是外溢机构可以把先进院成熟的技术进行产业化，助力当地的产业升级。

樊建平表示，深圳先进院可以通过外溢机构输出一些当地迫切需要的科技成果，帮助那些地区实现产业转型升级。比如，山东院主要依托的是先进院集成所，苏州院主要依托的是医工所，杭州院依托的是数字所，武汉院依托的是材料所，每个外溢机构都有自己的专业特色，将研究所成果在当地实施转移转化，以一批科技成果引进一批重大项目，为当地的产业发展培养了一批科技人才。实践证明，这些外溢机构通过区域的产业合作，均取得了较好的收益，对先进院科研成果转化起到了积极作用，直接促进国有资产的保值增值。

吴小丽介绍，设立外溢机构是顺应地方政府提出产业转型升级的诉求应运而生，比如，武汉院落地于武汉经开区，经开区以汽车零部件为支柱产业，缺乏新材料板块，武汉院就把先进院材料所成果引入经开区进行转化；又如，山东院为济南带去新能源电机、电控系统和人工智能等新技术成果，济宁院快速研制新型智能测温系统，满足当地防控疫情的设备需求；再如，苏州院针对苏州生物医药产业发达的现状，重点围绕医疗器械、健康大数据、健康服务、生物医疗、生物材料，实现珠三角和长三角大健康产业技术和资本的有机融合，5 年内累计引进和培育企业 120 多家，获批"江苏省众创空间"和"江苏省新型研发机构"。

　　尤为可喜的是，深圳先进院外溢机构展现了从 1.0 到 2.0 版本的升级，即科技成果转化园区建设—公共技术平台建设—培育产业—聚集产业链—投资平台建设，形成了一个成果转移转化的闭环。在人才合作机制方面，鼓励研究员实行"双聘制"，延展成果转化的边界，形成分布式、模块化的协同创新范本。

　　深圳先进院外溢机构在珠海、武汉、天津、济南、苏州、杭州等地分别布局，目前外溢机构人员规模达 900 余人，主要转化方向聚焦生物医药、新材料、电动汽车、新能源、人工智能、医疗器械领域。5 年里，各地外溢机构累计孵化企业 330 家，累计获得政府资助 14 亿元，为当地的产业转型升级发挥了重要的推动作用。

【案例链接1】 山东先进院：打造新型研发机构的济南样板

2022年元月，山东中科先进技术研究院院长李卫民从深圳先进院载誉而归。山东先进院被评为先进院2021年度优秀外溢机构，李卫民院长和王海滨副院长荣获先进院建院15周年特别表彰"产业服务奖"。这是对山东先进院成立以来取得成绩的最大肯定。

2019年，李卫民参与创办山东先进院。他深刻理解齐鲁大地对转型升级、创新发展的迫切需求，希望用现代企业理念重新梳理科研机构的发展脉络，打造一个新型研发机构的"济南样板"。

山东先进院外景

1. 山东先进院迅速打造创新微生态圈

山东先进院成立于2019年6月，是济南市人民政府、济南高新区管委会和中国科学院深圳先进技术研究院三方共建的新型研发机构，由李卫民担任院长，地方政府计划5年内列支6亿元，将其打造成省级新能源汽车领域的高端科研平台及国际一流的新型研发机构。

李卫民介绍，山东先进院重点围绕新能源汽车、智能制造、人工智能、医疗康养四大领域，聚集高端人才，建设高水平研发及转化平台，实现科技成果与企业、市场、资本的有机融合，服务地方经济产业发展需求，营造"研学产资"四位一体融合发展的创新微生态圈。山东先进院之所以能发展如此顺利，得益于济南市委、市政府及先进院的正确领导，市科技局、高新区管委会的具体指导及市直有关部门的大力支持。山东先进院坚持"边建设、边招聘、边科研、边产业化"的原则，表现出强劲的发展势头，各项工作有序开展，为山东先进院的快速高效发展打下坚实基础。

"人才是科研机构最重要的资源。山东先进院发挥科研平台作用，不断吸引高层次人才。"李卫民强调。山东先进院以高端人才为核心的人才梯队共130余人，其中，院士、国家级人才计划专家、泰山产业领军人才有20名，硕士学历以上员工占比近50%。先后获得山东省人才工作先进单位、山东省院士工作站、山东省博士后创新实践基地、济南市院士工作站、济南市海外人才工作联络站、济南国家海外人才离岸创新创业基地等荣誉。同时，积极与山东大学、济南大学、山东科技大学等10余家高校达成双导师联合培养研究生的意向。

山东先进院坚持科研和产业化并重的发展模式，结合济南市打造区域性科创中心的战略，搭建电动汽车研究中心、医疗康复研究中心等研究单元；建成新能源汽车公共技术服务平台、机器人与人工智能公共技术服务平台；承担科研项目40项，获批经费5500余万元；申请专利185件，已授权专利80件；共发表国际核心期刊论文12篇；精准对接浪潮集团、神思电子、重汽集团等大型骨干企业的技术需求，与山东大学、中建八局成立联合实验室，推动技术创新突破；落地产业化项目15个，孵化注册高科技企业16家；调研济南市企事业单位180余家，收集企业技术需求60余项，达成合作意向22项；承办重要科技活动6次，对接洽谈活动80余次。获批国家高新技术企业、山东省首批省级新型研发机构、山东省技术创新中心、山东省科技型中小企业、山东省技术转移转化服务机构、济南市工程研究中心、济南市市级文明单位等称号。

2. 以产学研合作牵头重点项目

目前，山东先进院获批科研项目40项，其中国家级项目5项，省部级项目17项，获批总经费5600余万元。2021年，山东先进院作为牵头单位，联合山东大学、山东龙翼航空科技有限公司、山东国兴智能科技有限公司、鲁普耐特集团有限公司等企业，成功承揽山东省重点研发计划"应急救援装备制造关键技术研究及应用"项目，获批总金额1080万元，显示出山东先进院强大的科研实力。

李卫民作为项目负责人介绍说，此项目针对我国应急救援装备产业，特别是消防领域存在的智能化低、协调性差、救援效率低、消防人员风险高等问题，智能感知复杂恶劣的火场环境，准确掌握火点、救援目标信息，实现高效无人化协作，为多部门协同救援提供最优指挥决策。山东先进院重点突破五大关键技术，包括空地协同多机器人环境感知信息共享交互技术，复杂火情态势研判与智能群体灭火作业技术，研发多层次模块化的新型全地形消防机器人，针对火场恶劣条件的大载荷双旋翼无人机研发，小型化、轻量化机械类及绳索等救援装备研发。

"我们希望为山东省打造一支具备国际领先水平的应急救援研发及产业化团队，实现火灾监测与评估、空地协同救援等目标，完成大载荷双旋翼消防无人机、机器人、专业救援装备及绳索等多类产品自主制造，最终形成系统化智能城市消防救援云平台，推动我国应急救援装备产业发展。在保障人民生命财产安全的同时，实现销售收入5亿元以上，带动产业增收100亿元以上，社会经济效益显著。"李卫民表示。

3. 探索新型研发机构上市模式

山东先进院聚焦山东省十强和济南市十大千亿产业，重点围绕机器人与人工智能、智能制造、新能源汽车等主营业务进行科技研发与产品销售。2020年销售合同额1亿元，实现销售收入4000余万元；2021年销售合同额2.1亿元，实现销售收入1.1亿元。力争在2022和2023年连着翻两番，年产值达到5亿元以上，为下一步在科创板上市打下基础。通过探索新型研发机构上市之路，为济南市、山东省乃至全国的新型研发机构提供一种崭新的发展思路。

山东先进院取得如此斐然的成绩离不开一个充满干劲的团队。2020年2月，山东先进院智能装备中心中标中联重科"一带一路"白俄罗斯项目。山东先进院团队克服重重困难，最终实现白俄罗斯智慧工厂项目的顺利交付，彰显出该院敢于打硬仗的作风。经过两年多的发展，山东先进院团队承担重大项目的能力和实力不断凸显，与吉利集团、中联重科、北汽集团、北方重汽等大型车企均有合作。

山东先进院的展厅里陈列着各种高科技产品，让人目不暇接：组合式卫星导航仪，可用于无卫星信号时的惯性导航及超高楼宇精准定位；力控抛光打磨机器人，用于解决复杂表面物品打磨问题；重载汽车高性能混动发动机，节油率30%以上；无线充电，最高充电有效率达到93%以上。这些项目有一个共同点，有市场需要且更具发展前景。

山东先进院积极探索"科技＋金融"的创新模式，通过推动知识产权等新型价值要素实现"占股增信，投贷联动""知识产权证券化""以贷带投、以投补贷"的发展模式和路径。利用金融手段，不断拓宽融资渠道，增大财务杠杆，支持科技研发及成果转移转化。

李卫民透露："对比其他新型研发机构，山东先进院的一大特色是从注册之日起就是一家企业主体，这让山东先进院可以引入灵活有效的企业管理、激励机制，遇到优秀项目，更能以股权投资的形式直接注资，扶持企业做大做强。未来3～5年，首先推动山东中科先进技术有限公司在科创板上市，同时，积极为济南市培育瞪羚企业、独角兽企业及上市潜力企业。"

身为山东人的李卫民，对"君子不器"有更深的体悟，他说："孔老夫子说，君子不能像器具那样，仅仅限于某一方面，而要适应多个岗位、多个职位，在每个岗位上都能干得很好。作为一名新时代科研人员，要敢闯敢干，勇于转型，奋斗在伟大时代，投身于科技报国，前沿探索争相领跑，转化创业争当先锋，成长为'科研＋管理'的复合型人才，切实促进科研创新与产业发展融合。咱们国家现在处于一个非常伟大的时代，只要努力踏实去干，我觉得一定能干成并干好每件事。"

李卫民对于山东先进院未来的发展有独到的发展规划：山东先进院不仅要完成政府赋予科研平台的职责和使命，而且要实现研究院自我造血功能，积极探索出一条让新型科研机构走上资本市场的新路，这样就有雄厚的资金实力不断孵化高科技项目。

齐鲁大地转型升级如火如荼，新型科研机构如雨后春笋般成长起来，而山东先进院立足当地产业需求，势必会成为其中一颗最为璀璨的明星，为推动山东经济转型升级贡献出智慧和力量。

【案例链接2】珠海先进院：筑巢引凤培育战略性新兴产业

2021年12月，珠海中科先进技术研究院获批"2021年广东省科技创新战略专项资金"，获得最高500万元补助。这是珠海市目前唯一获得此专项资金补助的广东省新型研发机构。

珠海先进院院长陈一立介绍，目前已制定珠海先进院二期（2022—2026 年）规划建设方案，珠海先进院创新科技园正加快建设，该项目投资 13 亿元，总建筑面积 22 万平方米，项目建成后将布局生物医疗研发实验室、临床服务中心、创新药物中试平台、企业孵化器等创新载体，预计孵化培育超 100 家生物医药、医疗器械企业，形成产值超过 10 亿元的高端产业集群地。该项目已被列入广东省、珠海市重点建设项目。未来，珠海先进院致力于科学研究和产业发展的深度融合，打造珠江口西岸生物医药产业创新引擎、建设成粤港澳大湾区科研成果转化示范基地。

珠海中科创新科技园三期效果图

1. 体制创新实现资源的再整合

珠海先进院于 2017 年 3 月 16 日成立，是在广东省人民政府与中国科学院签署的《"十三五"全面战略合作协议》规划下，由珠海市人民政府与中国科学院深圳先进技术研究院共同设立的新型研发机构，重点发展生物医药、医疗器械、生物材料等新兴产业。

珠海先进院定位探索体制机制创新，企业化管理，实现资源的高效运作。以"科研＋产业＋资本"三位一体的"微创新体系"，形成董事会管理、监事会监管的院长负责制，陈一立担任单位负责人，统筹开展全院业务；中科院引进的专家姜长安任副院长，主管科研相关工作；丁志红副院长主管行政人事等工作。

陈一立曾在深圳先进院育成中心工作10年，拥有丰富的企业孵化、管理以及园区运营管理经验，也有对建设新型研发机构的全面思考，涉及人才引进与绩效管理、平台运作模式、科研与产业界互动模式等。就任珠海先进院院长之后，他就开始大刀阔斧开展工作，确立珠海先进院以产业创新发展为导向的工作总方针，科研中心以攻克关键核心技术为重任，协同域内企业活跃创新环境；投融资管理中心致力于企业培育和产业转化；公共技术平台推进科技成果转移转化，为企业提供完整的技术解决方案。

经过五年发展，珠海先进院先后建成精准医疗研发中心、医疗器械中心、生物材料中心、人工智能大数据分析与应用中心、智能装备研发中心；建设产业支撑部门包括投融资管理中心、园区运营中心、科研管理中心、行政人力资源中心和资产财务中心；已建设健康大数据公共技术平台、生物医药公共技术服务平台、离子液体萃取公共技术服务平台、NanoVelcroCTC检测平台、全合成纳米抗体平台、3C产业平台（CDMO、CRO）等公共技术服务平台。

如今，珠海先进院已获评国家高新技术企业、广东省新型研发机构、广东省科技专家工作站、广东省博士工作站、广东省博士后创新实践基地、广东省知识产权示范企业、珠海市新型研发机构、珠海市院士工作站、珠海市创业孵化基地等称号。

2. 打造珠海市创新创业和人才高地

2020 年 4 月,"珠海市鹤洲新区担杆镇人民政府—珠海中科先进技术研究院联合实验室"签署协议,双方共建的科考工作站于 2021 年 4 月正式挂牌。双方抓住海洋战略性新兴产业发展的机遇期,围绕前沿技术研究、技术平台建立、人才培养、新产品开发等方面进行合作。目前,联合实验室累计发表论文 20 篇,申请专利 14 项;孵化引进科技型企业 2 家。2022 年初,双方斥资成立的珠海中科埃力科技有限公司已开展离子液体相关产品的销售。双方打造的首个品牌"伶仃萃"于 2022 年 6 月问世。

这只是珠海先进院众多产学研合作的案例之一。该院围绕珠海产业升级和科技进步的实际需求,引进国际一流的成果、人才等创新资源,重点发展生物医药、医疗器械、生物材料及大数据等新兴产业,在新兴战略产业领域加强关键技术攻关,建设成果转化基地,打造珠海市创新创业和人才高地。已累计引进人才 150 余人,其中 32% 为博士学历、33% 为硕士学历,海外高端人才占比 33%,包含 3 名院士、1 名广东省外籍高层次人才、5 名珠海市高层次人才、5 名珠海市产业发展与创新人才。

自成立以来,珠海先进院及深圳先进院先后与珠海市担杆镇人民政府、澳门大学、贵州省卫健委、格力电器、广东萱嘉医品、珠海斗门悦禾、珠海健帆生物、珠海黑马医学仪器等企事业单位共建联合实验室,助力产业发展。值得关注的是,珠海先进院和深圳北鲲云计算有限公司于 2022 年 5 月共建"AI 药物研究与异构计算联合实验室"。该实验室专注于计算机辅助药物设计、AI 辅助药物设计、生物医药计算等前沿技术,双方联手在应用领域不断创新,引领产业发展。

珠海先进院累计孵化 70 余家高新技术企业,累计注册资本达 6.45 亿元,累计营业收入过亿元。还对孵化企业提供知识产权转移转化服务,共完成专利转让 31 项,累计评估作价 3027.69 万元。孵化企业的代表性产品包括无创连续血压监测仪、指静脉识别技术产品、超声波臭氧妇科治疗仪、循环肿瘤细胞液体活检试剂、智慧养老陪护机器人、3D人脸识别技术产品、精准射频消融治疗腰椎间盘突出症微创手术系统、低代码软件、聚乳酸（PLA）手术缝合线、智能清扫消毒机器人等。

珠海先进院于2021年5月成立脑健康研究中心，并于同年7月孵化中科凯思泰医疗科技有限公司。中心及孵化企业聚焦国家大健康战略与中国脑计划两大科技前沿，聘请郭爱克院士担任顾问，以神经科学中神经突触可塑性和连接性作为研究基础方向，结合多学科交叉探索神经、精神疾病的预防、控制、治疗与康复的新路径。正在研发的项目包含基于综合生理指标的脑活力测试仪、基于可塑性与连接性的脑活力调节产品。

珠海先进院破除技术链、人才链、资本链和产业链之间的壁垒，实现资源的再整合，解决企业技术研发成本高、难度大、融资难等问题，提高技术成果的市场转化率。除此之外，珠海先进院引进珠海市创新创业团队近20个，获得政府资助7个，为同期珠海新型研发机构引进数量最多的单位。

3. 设立海外孵化器，加强国际科技合作

珠海先进院相继建立了4个海外离岸产业孵化器，打通优质人才、项目资源的对接渠道：2017年10月，由珠海先进院、全国卫生产业企业管理协会转化医学产业分会和以色列CIMICOMP公司联合共建的"中以创新平行孵化器"在以色列特拉维夫成立。中以医疗创新大赛为三方联合孵化、项目合作、技术转移、人才交流等提供了有力支撑。2018年5月，与美国德州医学中心合作，与这所世界最大的医学中心建立"中科德州医学中心孵化器"，该孵化器聚焦于基因工程、细胞工程、生物芯片技术、医疗器械等领域，整合美国创新产业资源，持续培育优质项目，形成专业技术、项目、人才资源的集聚。

珠海先进院以孵化器为载体，整合国外创新产业资源，持续培育高端优质项目，促进珠海产业转型升级。近年来，先后举办了中以医疗技术资本对接会、珠海中科中美医疗项目推介会、2018年和2019年菁牛汇·中科创赛、第二届中国精准医疗大会、第一届大湾区生物物理与新药发现论坛、菁牛汇·大数据人工智能赋能医疗营销论坛、默克粤港澳大湾区创新训练营等赛事或活动，已发展成珠海面向海外招商引智的桥头堡。

陈一立表示，珠海先进院发展如此迅猛，离不开珠海市委、市政府与高新区管委会的大力支持，在珠海市财政局、科技创新局、人力和资源保障局、工业和信息化局等多个部门的指导下，每年迈上一个新台阶。

如今，珠海经济迫切需要从"小而美""小而精"向"大而强""大而优"转型，提升城市能量级和枢纽功能。未来五年，被珠海市政府视为转型发展的窗口期、跨越发展的关键期和破局突围的攻坚期。陈一立对珠海先进院的未来充满信心："珠海先进院依托深圳先进院发展起来，已打下坚实基础，我们将积极承担深珠合作的协同创新，开展多层次产业技术转化，瞄准更高层次的国际科技合作平台。珠海先进院必将为珠海的高质量发展提供强大的科技产业支撑。"

【案例链接3】武汉先进院：推动新材料产业高质量发展

从深圳到武汉，跨越一千多公里，深圳先进院在武汉落地了一个全新的外溢机构——武汉中科先进技术研究院。

该院是中科院系统在武汉市成立的第一家企业法人新型研发机构，面向地方经济发展需求，依托前期技术和产业资源，由深圳先进院和武汉经开区联合组建，于2019年10月正式揭牌成立。此次合作开启外溢机构发展的新模式、新方向，迎来了新机遇、新挑战。

　　武汉先进院致力于发展新材料和先进制造技术，推进基础研究与产业化对接，布局"1-9"级的全链条技术创新体系，重点突破"4-6"级中试工程技术难题。主要以承接企业定向研发项目与自研产业技术成果转化为核心模式，重点布局电子信息与新能源电池领域。成立两年以来，就在锂电正负极材料、硅气凝胶、微胶囊、超亲水涂层等多个领域取得了技术突破，实现了部分关键技术的产业突围，科技成果转化合同金额逾亿元，5个项目进入产业化阶段。

武汉先进院智谷研发办公总部外景

1. 帮助企业跨越材料研发的"死亡谷"

　　企业不断布局新领域时，往往会面临自身技术积累不扎实、研发体系不完善、研发能力不充分等问题，导致开发新产品难度大、周期长、风险高，这是很多传统制造型企业升级转型过程中面临的痛点。武汉先进院建立了完整强大的研发体系，完备的科技人才团队储备，大量技术积累，能够协助企业从研发端快速布局新赛道、开拓新产品，形成技术成果的有效转换。气凝胶的成功研发，就是武汉先进院帮助企业跨越材料研发"死亡谷"的典型案例。

2020 年 6 月，武汉先进院与一家上市公司进行项目交流，了解到该企业有布局气凝胶材料的需求。于是，借助深圳先进院的技术积累，在短时间内快速完成团队组建、预研实验、确定基础技术线路。采取深圳先进院—武汉先进院—企业三方合作模式，协同攻关。深圳先进院利用丰富的科研人才和完善的设备平台负责技术原理的验证；武汉先进院利用具备丰富经验的工程师团队和小试、中试结合的实验平台，重点攻关"3-6"级技术等级，跨越科技成果转化的"死亡谷"；企业则利用其生产经验以及化工园区优势重点负责中试工艺和量产。

团队仅用 1 年时间走完了"1-6"级技术等级，完成了从实验室配方研发到中试设计，并于 2022 年初协助企业完成了中试生产线的搭建与调试，成功完成气凝胶粉体的批量制备。气凝胶项目的顺利推进，体现了武汉先进院作为一个研发平台、成果转化平台的价值，可以针对多种需求，快速组建团队，短时间内实现技术突破，创造经济效益与社会效益。

武汉先进院提供技术支撑，企业提供制造支持，制成的气凝胶隔热材料广泛运用于化工、新能源汽车等领域。一条围绕着气凝胶这一技术成果的产业链孕育而生，也极大增强了我国在气凝胶这种高端新材料领域的国际竞争力。

2. 智能微胶囊技术打破外企垄断

微胶囊技术是将目标物质包覆在微／纳米容器中，实现目标物质的封装、保护、分隔和控制释放功能，是一种可应用于多行业的材料微封装技术。武汉先进院于 2019 年开始布局该技术，主要面向"热管理"和"智能

显示"两大方向，次年完成设计并建造了无醛微胶囊中试设备线，仅通过
3次中试就实现了无醛大温区变色微胶囊的吨级量产，获得客户认可。2020
年2月，该项专利获得授权的当周即与一家新材料公司达成合作意向，以
5年900万元的费用独家授权。该项技术为国内首创，是国内第一个可量产
的无醛大温区变色微胶囊技术，也是国内该领域金额最高的一笔成果转化
案例，该技术此前被日本垄断。该项目获得科技部举办的创新创业大赛全
国优秀企业奖、湖北赛区第二名。

2021年5月21日，智能微胶囊中试中心正式揭牌。这是武汉先进院继
民营科技园中试实验场地后自主建设的又一中试验证平台，可依托两个中
试基地开展更多的工程化研究和产业化研究工作，为实现智能微胶囊新材
料产业化提供平台保障。2022年，武汉先进院与上市公司合作建设了国内
首条千吨级微胶囊全自动规模化生产线，并以销售利润分成的形式实现科
技成果转化，还与多家企业进行合作，将微胶囊技术应用于纺织、涂料、
注塑、电子器件等行业。短短三年时间，形成由上市公司批量化制造，
多家下游应用企业提供行业解决方案的产业联盟，并启动了行业标准的制
定，逐渐形成了完整的产业链。

智能微胶囊技术的成功研发标志着我国在该领域打破了国外垄断，也
标志着武汉先进院在该领域的技术领先地位，引发聚集效应，带动产业升
级，形成非常好的经济效益和社会效益。

3. 勇担社会责任，研发防雾喷剂

科学技术的价值与责任体现在当国家有需求的特殊时期，能积极快速
地用科研成果服务国家，造福社会。

2020年武汉抗击新冠疫情初期，武汉先进院得知前方医护的护目镜起
雾，影响诊疗的情况后，立即与深圳先进院材料界面中心联合研发，紧急
攻关研发防雾喷剂，基于前期积累的材料表面改性技术，快速制定了一条

切实可行的技术路线，利用非离子表面活性剂一端亲水、另一端亲油的特殊分子结构，设计出自成膜的纳米涂层，使水分子还没有在镜片表面形成细小水珠之前，就会扩散成超薄的透明水膜，起到防雾的效果。由于任务紧急、时间紧，团队仅用两周时间就完成了纳米防雾喷剂从配方开发到批量制备的全流程。

第一批 5000 瓶纳米喷雾剂于 2020 年 2 月 25 日顺利送达武汉抗疫一线。武汉先进院先后分 8 批，累计向 109 家防疫单位、湖北 90 家医院、相关防疫指挥部，及深圳相关防疫单位提供 4 万支纳米防雾喷剂，切实解决护目镜起雾、视线模糊的难题，得到一致好评。

武汉先进院又对纳米防雾喷剂技术和产品进行升级，开发了光固化永久防雾涂层，与多家企业合作实现产业化，适用于防雾护目镜、防护面罩、防雾泳镜等产品。未来，该技术还将应用于汽车、生物医药、家用电器等领域。

经过仅仅两年多的发展，武汉先进院科技成果转化收入从零起步，增长到 2021 年的 4000 余万元，合同额过亿元。一批优秀科研成果成功产业化，很好地服务于国家重大需求和国民经济建设。深圳先进院通过设立溢出机构，让科研成果在祖国大地上开枝散叶，果实累累。

第十五章　科教融合，打造新型研究型大学

2018 年 11 月，深圳市人民政府与中国科学院签署《合作共建中国科学院深圳理工大学协议书》，依托深圳先进院及中科院在粤科研力量，致力打造具有中国特色的世界一流研究型大学，服务粤港澳大湾区国际科技创新中心建设。

成立深理工是深圳市委、市政府和中国科学院深入贯彻习近平总书记在深圳经济特区建立 40 周年庆祝大会上的重要讲话精神，以及落实总书记亲自谋划、亲自部署、亲自推动的国家重大发展战略，支持建设"双区"和综合性国家科学中心的重要举措，意义重大，影响深远。

深理工的四大特色

深理工瞄准粤港澳大湾区以及中国特色社会主义先行示范区创新发展需要，面向未来科技与高端产业发展的人才需求，打造粤港澳大湾区的研究型大学；培养兼具科学家精神和企业家梦想的国际化、创新型、复合型、高层次拔尖创新人才，产出高水平科研成果，服务国家和区域经济社会发展；开展全日制本科和研究生教育，形成本硕博一体化培养体系。

先进院教育处处长杨帆介绍，深理工相较于其他大学有四大独特之处：

其一，集聚多方力量，探索建设中国特色社会主义新型公办高校。学

校积极吸引社会资本，在财政提供基本支持的条件下，广泛引进社会资金参与办学，建立多渠道筹措的经费投入机制，形成"中央支持、地方投入、社会捐赠"的叠加效应。创新办学体制机制，设立理事会，实行党委领导下的校长负责制，充分发挥教授在教学、科研和学校管理方面的作用，探索建立中国特色的现代化大学。

其二，科教、产教深度融合，探索创办具有中国特色的世界一流研究型大学。依托先进院优质科教资源，实现大学"0—1"的源头创新能力与研究院"1—100"的研究开发及产业化能力无缝对接。组建跨学科的科教团队，打造前沿新兴学科和一流科研平台，以卓越的科学研究支持一流的本硕博一体化教育。大力践行"新工科""新医科"，构建集基础知识、科研实践、综合素养于一体的拔尖创新人才培养体系，打造创新创业的全链条培养环境。

其三，建立"三院一体"协同育人机制，探索国际化、创新型、复合型的人才培育新模式。学校建立学院、书院、研究院"三院一体"的育人组织架构，以人才培养为根本任务，创新教育教学方法，形成含"文化素养、关键能力、知识体系"的三维人才培养体系。建立"导师制""个性化"的特色学业支持体系，形成贯通课堂内外、全方位的人才培养模式。

"三院一体"的培养模式很有特色，学院负责开展以学科知识为核心的专业教育，夯实学生的专业知识储备；书院负责开展通识教育和社群教育，打破学科界限，开展兼具特色的书院活动，培养学生人际交往、团队合作及领导创新能力；研究院一流的科研平台和强大的产业资源，能为学生提供科研实践及创业实践的机会，让学生在亲身经历中增强科学思维和商业思维。通过建立合理有效的联动机制，使三院有机结合，协同育人。

其四，深化国际交流合作，打造粤港澳大湾区高等教育开放合作新标杆。加强与世界一流高校、科研机构的交流与合作，实现国际化人才的本土化培养；深化与港澳高校的合作，引进精品课程、实现学分互认、师资互聘，促进访学交流；引进一批具有全球视野和国际学术影响力的师资，培养造就一批具有国际水平的战略科技人才、学术领军人才和高水平创新团队；面向全球招生，以丰厚的奖学金和科学的选拔方式吸引海内外最优秀的生源。

以"深圳速度"启动大学校园的建设

"深理工主校区选址光明科学城，占地 54 万平方米，建筑面积 56 万平方米。"这短短的一句话背后有复杂的故事。2018 年 10 月，深圳市要和中科院签订办学协议，但学校要建在哪里尚未明确。樊建平和筹备办副主任冯伟商量，决定让一直深度参与大学筹备、熟悉政府工作流程的教育处处长杨帆、副处长李明负责此项工作。杨帆和李明两人，在市规划局与时任地规处谭权处长沟通，最终获得市规划局领导认可，在双方签约前拿到了校园用地指标。

2019 年 10 月，得知学校建设已纳入"十三五"规划，樊建平率领的一众筹备人员兴奋不已，可高兴劲还没过去，又一个严峻的问题摆在大家面前：建校园的流程是什么？所有人陷入了沉思。于是，已经在教育管理工作上摸爬滚打过的杨帆，又兼职做起"校园建设"的副业。

星光不问赶路人，岁月不负有心者。短短一年时间，学校的"准生证"——选址意见书和发改委项目建议书顺利批复，学校的"房产证"——不动产权证和规划许可证按时办结，负责市政府投资项目建设的市工务署负责人感叹，深理工是他们接触到的同类项目中，规模最大、时间最紧、速度最快的建设项目。

这项任务的顺利完成，为深理工的筹建工作提供了最坚实的保障。如今，通过国际招标遴选的优秀设计单位已完成设计方案，现场施工也在如火如荼地进行，一座设计新颖的现代化校园将拔地而起。

深理工主校区设计图

攻坚克难，"抢"来的光明明珠过渡校区

筹备建设深理工第一件事情就是找到合适的办学场地。2019 年 11 月，樊建平到光明考察场地，看中了位于光明区的滨海明珠产业园区。虽然是一片老旧的工业建筑，但这块地的区位优势很明显：毗邻茅洲河，距离深理工光明主校区约 7 公里。

樊建平回到先进院，对院地合作与成果转化处吴小丽处长说："光明区那块场地我看不错，很适合作为大学的过渡校区，后期还可作为成果转化的产业孵化园区，你想办法拿下来吧。"

吴小丽知悉樊院长意图，领会到拿下这个园区对申办大学的重要性，以及对成果转化及产业孵化的迫切性。如果等光明主校区建成再招生，那得等多长时间啊！眼下只有利用合适的过渡校区，把学生培养工作先开展起来，才能保障筹建期各项工作的启动运行，未来才有可能通过教育部的验收。

吴小丽之前为了材料院落地宝安区，煞费苦心地跟宝安区相关部门商谈，最终成功地争取到位于龙王庙工业区的材料院园区，而且成功获得区政府与市财政经费对标的配套资金支持。善于啃"硬骨头"的吴小丽再次从院长那里接过了这道"军令状"。

而她万万没有想到的是，光明这个场地被区政府规划成了一个产业园区，由区科创局负责牵头实施，光明区政府准备一周后进场装修。若要从区政府手上重新拿到这个场地，难度无疑增大了许多。

2019 年 11 月至 2020 年 3 月间，吴小丽三天两头就与光明区政府与光明区教育局、科创局、工信局、财政局多部门负责人分别谈判。第一轮沟通后，区里直接表态，区里已有规划，不大可能会改变用途，经过反复沟通，他们稍微松动了一点，回复只能租给先进院 3 年。眼看这块场地就与深理工无缘了。

对此，吴小丽并不气馁。她回忆道："我反复地说服相关部门领导，说明将这个园区作为深理工过渡校区的几大好处。首先是引入一大批高端人才，对改善区域人口结构大有好处，还能带来高层次人才个税收入，直接提升周围服务业的档次；其次，大学本身就拥有丰富的项目资源，老师们的科研成果可以就地转化，这对光明区发展新兴产业有很大的促进作用；深理工越早落地运行，越能带动当地教育水平的整体提升。"

吴小丽不断与区主管领导以及各部门主要负责人沟通，最终打动了时任光明区区长的刘胜。经樊院、冯伟书记策划，2020 年 3 月，邀请区长刘胜带领 5 个部门主要负责人，赴先进院召开现场商讨交流会。会上当场定夺，将这个建筑面积 9.5 万平方米园区作为深理工过渡校区和后续成果转化以及产业化园区的事确定下来。同时，光明区同意按吴小丽提出的意见，按国家合同法规定的最长租赁期限 20 年合作期执行。双方合作协议于 2020 年 3 月 31 日签订，由区里投资近亿元改善该园区老旧楼宇外立面及园区环境改造工程。

深理工滨海明珠校区已建成集教室、实验室、书院、宿舍、图书馆、食堂、健身房等功能齐备、环境优美的校园，初期办学条件得到有效保障。首批学生近 500 人已入园开课，首家试验性书院——曙光书院于 2021 年 11 月正式成立。与此同时，脑所的创新中心落户于此，科技部的粤港澳大湾区国家技术创新中心分中心也将落户于此。

吴小丽说："院地合作工作的着眼点和落脚点要契合先进院网络大平台的建设思路，为科技成果转移转化营造环境、铺路搭桥。作为管理支撑部门负责人，除了服务于科研需求之外，还需具备广泛的知识面，有自己的工作定力及整合资源的智慧，只有这样才能为科研人员创造和争取更多有效的资源，让服务真正体现价值。"

进行前瞻性学科布局，人才成了"香饽饽"

杨帆介绍，成立深理工是为了满足国家和区域在新兴前沿交叉领域对于新一代优秀科学家、卓越工程师和杰出企业家的迫切需求，因此学科设置上以交叉学科和新兴学科为主。聚焦《粤港澳大湾区发展规划纲要》明确的新一代信息技术、生物技术、高端装备制造、新材料等新支柱产业，围绕"新型基础设施建设"七大领域，践行"新工科""新医科"发展理念，在先进院现有优势学科基础上，发展理学、工学、医学三大门类。

针对当前粤港澳大湾区战略新兴产业高端人才紧缺的现状，学校首批重点建设生物科学、计算机科学与技术、生物医学工程、材料科学与工程、药学五个本科专业，设置生命健康、合成生物、计算机科学与控制工程、生物医学工程、材料科学与能源工程、药学六大学院。未来，顺应国家战略发展趋势进行前瞻性学科布局，以面向地方发展需要的交叉学科和新兴学科为指引，不断优化和调整重点学科的建设和发展方向。

近些年，先进院教育教学成绩斐然，优秀教师、优秀学生不断涌现。教师队伍中，2021 年有 16 人次获各重量级奖项，为历年来最多。其中，"领雁奖章"由中国科学院大学设立，对国家级奖项获得者和省部级奖项获得者予以表彰。2021 年，先进院喻学锋研究员、刘陈立研究员分别获得"领雁金奖（引航奖）"、"领雁银奖（振翅奖）"。

由于先进院的培养注重与产业结合，所以优秀学生就成为产业界的"香饽饽"，优秀学生中有不少人进入知名企业担任要职。比如，先进院医工所的博士后朱艳春出任中国联通医疗基地首席专家；先进院博士毕业生田间先赴新加坡南洋理工大学留学，又在迅雷担任高管，后来出任字节跳动用户增长数据科学团队负责人。也有部分学生毕业后成功创业，比如李洪刚博士创办深圳四博智联科技有限公司，出任董事长。

担当新一轮高等教育改革的先锋

2020 年 7 月，深圳市发改委批复了深理工建设工程的项目建议书，2021 年 11 月批复可行性报告，2022 年 6 月批复投资预算，用最大力度、最快速度推动学校开工建设。光明主校区土建费用总投资 50.7 亿元。

深圳市发改委主任郭子平说："自筹建以来，深理工能够充分利用深圳先行示范的优势，在推动高等教育内涵式发展中，担当新一轮高等教育改革的先锋。"她从教育事业和科技产业两个维度阐述了建设深圳理工大学的重要意义。于教育而言，深圳教育发展历史短、速度快，短短40年，教育规模和质量都实现了快速提升，实现向现代化城市教育的跨越式发展。高等教育是教育事业的龙头，也是教育高质量发展的灯塔。深圳自"十二五"以来就大力集聚优质高等教育资源，加快弥补高等教育短板，"自主新建高校"和"引进名校合作办学"双轨并行，现有高水平高校15所，全日制在校生14.52万人，专任教师8426人，综合实力和竞争力得到显著提高。但与这座城市的定位相比，深圳的高等教育还远没有达到相匹配的程度，高等教育整体规模仍然偏小，人才培养梯队仍待优化，高校的国际影响力以及对深圳自主创新的贡献程度还不高。

新时期，高等教育改革需适应我国新发展阶段的要求，服务"双循环"的新格局。习近平总书记在党的十九大报告中明确提出"加快一流大学和一流学科建设，实现高等教育内涵式发展"，内涵式发展是我国高等教育改革的核心理念，以高质量办学为目标，建设一批中国特色、世界一流的新型大学是我国高等教育改革的方向。

自筹建以来，深理工结合新时期中国特色的国家战略需求及区域发展需要，探索科教融合、产教融合的发展路径；创新教育教学方法，建立学院、书院、研究院"三院一体"的育人组织架构；从人才、科研、合作办学、国际环境等方面全面渗透国际元素，构建一流研究型大学的国际化体系。截至2022年8月，学校已与中国科学院大学、中国科学技术大学、南方科技大学等高校开展研究生联合培养，现有研究生637名，本科生58名，导师512名，各类国家级高层次人才133人（其中含全职海内外院士13人），省市级高层次人才317人。这些有力的探索和实践将成为深圳高等教育深化体制机制改革先行示范的典型案例。

于科技产业而言，高等教育可以说是科技第一生产力和人才第一资源的关键结合点。高水平大学的科技巨擘、基础研究，是创新能力生生不息的智力之源，高等教育的发展直接影响着发展后劲和原始创新能力。

深理工依托深圳先进院已有的科教优势，拥有省部级以上创新载体 50 个，可以实现大学源头创新能力与科研机构研究开发、产业化转型的无缝对接，能够较好地满足科技快速发展和经济社会对高层次人才的需求，有力支撑了深圳战略性新兴产业集群和未来产业的培育发展，也将为深圳产业链、创新链、人才链、教育链"四链协同"提供有益探索经验。

郭子平对深理工的未来充满了殷切希望："作为深圳高等教育的重要组成部分，我们希望深理工可以瞄准世界一流高校，以生物、信息、人工智能为基础，打破传统的学科专业界限，以宽口径、厚基础的跨学科培养理念，建立紧密对接世界科技前沿的交叉学科专业体系，引领深圳经济社会高质量发展，辐射亚太地区的高层次创新人才培养基地，这将对粤港澳大湾区建设教育人才高地、深圳建设中国特色社会主义先行示范区起到不可或缺的重要作用。"

先进院自诞生那天，就是为创新而生，为科技创新和产业创新而战。一群来自全球各地的科技工作者，怀抱初心和梦想，在南海之滨越战越勇，队伍不断壮大，形成产教融合和科教融合的鲜明特色，为把我国建设成世界科技强国贡献更大的力量。

后 记

我们通常习惯"从 A 点到 B 点"的思维模式，具备了怎样的条件，再决定怎样去相应的地方。这个模式虽然有机会成功，但太依赖条件，成功基本靠运气。

科技创新需要建立"从 B 点倒推到 A 点"的思维——先确定要去什么地方，再创造出所需要的条件。如果想到一千公里之外，就必须创造能让自己到一千公里之外的工具或方式。"从 B 点倒推到 A 点"既有以愿望引导行动的胆识，还包含勇于担当的气魄、"没有条件创造条件也要上"的决心。

先进院集成所所长李光林曾说："如今，我已经从过去'我会做什么'转变为'我应该做什么'。"他正是放弃了"从 A 点到 B 点"的熟悉模式，主动走出了科研"舒适区"，义无反顾地向"无人区"进发，这种突破能帮助他找到实现梦想的通道。

采访的这些日子里，我常常感动于先进院科研人员的精神，他们总对自己提出更高的要求。那么，究竟是什么原因带给他们如此强烈的危机感和使命感呢？

先进院副院长刘陈立的谈话给出了答案。他说，中国科学院原院长周光召曾讲过一句话，科学院永远在回答一个问题："科学院为什么要存在？"过去几十年，科学院一直在回答这个问题，反映出科学院一直有危机感。而先进院对这个问题给出的答案就是"创新"二字。先进院的诞生，其实就是为了创新。作为新型科研机构，先进院是一个创新的事物，大家接受它都是有个过程的，为了让创新的东西能够被大家所接受，先进院需要为生存而战。经过15年发展，先进院已经活下来，还要图谋更大的发展，不论樊建平院长提出的"蝴蝶模式"，还是依托先进院创办深理工，都是推崇科研、产业融合发展，各个要素联动的创新。

由此可见，《为创新而生》《为生存而战》《为发展而谋》这三本书是一以贯之的。在此，我要特别感谢先进院很多领导和朋友的鼎力相助，才得以在较短时间内顺利采访了90多位先进院发展历史的参与者和见证者，整理出近百万字的文字资料。即使受到新冠疫情的影响，也未曾搁置采访的进程，远在北京的先进院首任党委书记白建原曾多次参加远程会议，一起回顾先进院的发展故事。先进院领导班子、各职能部门、研究所的领导对本次采访和创作工作给予了大力支持，提供了大量数据和资料，为我的写作提供了坚实的数据支撑。在此，对所有接受本人采访的朋友，以及为写作提供帮助的韩汶轩、卜静怡、王之康、王淼、郑彦盛、毛景洋、刁雯惠、孟倩羽等人深表感谢，同时感谢推进项目管理的丁宁宁。

海天出版社（现更名深圳出版社）自2016年精心编辑出版《为创新而生》后持续关注先进院的发展成就，如今继续鼎力支持《为生存而战》《为发展而谋》两本书的出版工作，才让这套有关深圳先进院发展的系列丛书以完美的形式呈现给广大读者。

亲爱的读者，如果您曾阅读过《为创新而生》一书，那么再捧起《为生存而战》的时候，相信您会看到一些熟悉的人名，说明您也是关心先进院发展的老朋友，一定会为他们所取得的新成就而感到欣喜和振奋。如果您是通过《为生存而战》第一次了解先进院，在此要真诚地感谢您对我国科技创新事业的关注，深圳先进院为我国的科技体制改革和教育体制改革提供了极有价值的示范和参考。